KB260469

대학에서 전문직업인 육성을 위한 생애교육

대학에서 전문직업인 육성을 위한 생애교육

류 동 희 지음

서경문화사

머리말

평생학습사회인 현대 사회에서 전문직업인 육성을 위한 직업교육은 생애교육 차원에서 재정립이 필요하다. 생애교육은 미국에서 시작한 평생교육 범주의 한 개념으로 주로 직업교육의 영역에서 많이 사용된 것이다. 생애교육은 '개인이 생활의 일부로 혹은 생활 수단으로 일을 배우고 일에 종사하기 위해 준비할 수 있는 경험의 총체' 또는 '개개인 모두가 일을 중심으로 한 사회의 가치관에 익숙해지고, 이러한 가치관이 인격 체제에 통합되어, 일이 개인에게 보람되고 만족될 수 있도록 생활화하는데 도움을 주는 학교와 지역사회간의 노력의 총체'로 정의된다.

생애교육이 지향하는 교육목적은 첫째, 모든 청소년들이 직업을 선택할 수 있도록 기초를 개선하고, 둘째 직업상 기능획득을 촉진시키며, 셋째 교육상의 성취를 증대시켜줌과 동시에 미래에 대한 희망을 안겨주고, 넷째 훈련기회를 확대하는 것이다(이영호, 2004 : 35-36).

대학은 생애교육에 있어 중요한 역할을 수행하고 있으나, 보유하고 있는 우수한 교육역량을 충분히 활용하지 못하고 있다. 우리나라 대학교육은 교육기회 면에서 이미 대중화의 단계를 넘어 보편화의 단계에 이르고 있으나, 졸업 후 진로의 어려움은 사회문제로 대두되고 있다. 교육, 연구, 사회봉사를 기본 사명으로 하는 대학에서 교육기능은 학문적인 교육만으로도 책임을 완수하는 것으로 인식되어 직업교육은 소홀하게 이루어져 왔다. 대학에서 직업교육은 순수한 학문 발전을 위해서 바람직하지 않다는 부정적인 인식마저 상존하기도 하였다. 이제는 대졸자의 진로가 불투명하고 어려워짐에 따라 직업교육의 필요성과 중요성이 더욱 강조되고 있다. 펠리칸(Jaroslav Pelikan)은 대학에서 가르치는 것은 전문직업적 훈련(professional training)을 포함한 지식의 확대 및 해석을 강조하고 있다(Pelikan, 1992 : 117). 따라서 학생들이 대학에 재학하는 동안 기본적인 학문탐구에 충실하면서도 전문직업인으로서 올바른 방향성 정립과 준비를 할 수 있는 교육이 체계적으로 이루어져야 할 시점이 된 것이다.

IMF 경제 위기 이후 대졸자의 취업난은 더욱 가중되어 2009년 4년제 대학 졸업자 277,059명 중 진학자 26,890명, 입대자 1,191명을 제외한 취업대상자 248,978명 중 취업자는 68.0%인 169,277명이며, 이 중 정규직 취업자는 58.0%인 98,257명(전체 취업대상자 대비 39.5%)에 불과하여 대학생들의 취업에 대한 불안은 계속되고 있다(한국교육개발원, 취업통계연보, 2010).

대졸자의 취업난은 구조적 과잉 공급에도 기인된 바 크지만, 다른 한편으로는 취업교육 및 취업지도의 결여로 구인자와 구직자가 연결되지 못하는 원인도 큰 것으로 파악된다. 사실 지금까지 대부분의 대학들은 이러한 문제점에 대하여 대응할 겨를도 없이, 재정수입 확대를 위한 양적 팽창과 근시안적 학사운영에만 급급하여 왔다(한국직업능력개발원, 2002).

이제 대학들은 취업률이 높아야만 대학의 위상을 강화하고, 우수한 신입생을 확보할 수 있으며, 나아가 일부 지방이나 중소 규모의 대학들은 취업률이 대학의 존재 여부에까지 영향을 미칠 수 있다는 위기감을 가지고 있다. 취업은 학생 자신과 가족은 물론 사회와 산업발전에 기여하여야 하는 대학의 공공성 측면에서도 중요한 의미를 가지고 있으며, 이러한 인식이 부족한 대학도 취업률 제고는 대학경영적 측면에서 중요한 관건이 되었다. 따라서 대학들은 취업을 위한 효율적인 진로교육을 위하여 전담기구의 설치, 담당인원의 증원 및 전문성 확대, 예산 증액 등 제도적인 기반조성과 투자를 확대해 나가고 있다.

김재원(2003 : 15)은 진로교육에 대해 포괄적으로 입학에서 졸업에 이르는 전 과정 동안 학생들을 체계적으로 지도하고 육성하여 산업 현장으로 진출시키기 위해서는 학생 진로계획의 수립, 올바른 직업 선택에 실질적인 도움이 될 수 있도록 진로에 대한 동기 유발, 전략적 접근 방법을 알려 주어 진로목표를 성취하게 하여 단순히 취업 방법만이 아니고 삶의 궁극적 관심사를 깨우쳐 주어야 하는 것이라고 정의하고 있다.

이 글에서는 대학에서 이루어지고 있는 건전한 직업관 형성, 직업준비 교육, 전문직업 능력개발 등 전문직업인 양성을 위한 운영실태를 살펴보고, 이를 기반으로 대학생들의 직업목표 설정과 직업교육을 체계적이고 종합적으로 수행할 수 있는 발전방안에 대하여 살펴보고자 한다.

부족한 이 책을 펴내는 명분을 앞으로 대학에서 순수 학문 발전과 아울러 생애교육 차원에서 전문직업인 육성을 위한 교육이 체계적으로 잘 이루어졌으면 하는 것에서 찾고자 한다.

큰 일도 하지 못하면서 바깥으로만 떠도는 가장을 이해해주는 사랑하는 가족들, 능력의 부족을 따뜻하게 감싸주는 주위의 여러 어른들, 동료, 후배들에게 지고 있는 빚을 갚고자하는 마음만은 늘 간절하다. 진로지도와 상담에 많은 도움을 주는 동료 이대용 선생과 원고 정리에 도움을 준 권영달군, 어지러운 원고를 잘 정리해준 서경문화사 김선경 대표와 김윤희, 김소라 님에게 감사드린다. 이 땅을 딛고 사는 모든 사람들이 원하는 곳에서 즐겁게 일하면서 행복하게 살았으면 좋겠다.

2010년 11월

늦은 시간에 안동대학교에서 역동서원을 바라보며

저자 류 동 희

목차

제1장

직업환경의 변화와 대학의 전문직업인 육성

대학에서 전문직업인 육성을 위한 생애교육

1. 직업환경의 변화와 전망

1) 직업환경의 변화

인류 역사상 직업의 형태는 시대적·환경적 요구에 따라 무수하게 존재하며, 부단하게 형태가 변화하여 오고 있다. 특히 최근 20~30년간은 지적산업의 고도성장과 인간의 삶의 형태가 빠르게 바뀌고 있어 직업세계는 과거 수백 년간보다 더 많은 변화를 이루고 있으며, 앞으로 변화의 주기는 더 빨라질 것이다. 과거 노동과 자본 중심의 직업들에서 현재와 미래에는 지식을 바탕으로 한 정보산업 등의 첨단 분야의 직업들이 증가하고 보편화될 것이며, 경제적 여유에 따른 웰빙(well-being) 등여가생활에 대한 새로운 인식에 따라 새로운 이색 직업이 유망 직종으로 부상하고 있다. 이에 따라 고용정책과 노동시장에도 많은 변화가 있어 진로환경도 정확한 예측이 어려운 실정이다.

김성중(2005 : 686)은 우리나라 고용정책의 변화과정에 대해서 봉건적인 농업 국가였던 우리나라는 외세의 압력으로 개방이 되었으나 바로 일제에 강점되어 수탈을 당하다가 1945년에야 광복을 맞게 되었고, 국토는 양단되고 기능 인력이 없어 그나마 남은 공장의 가동조차 중단되리만큼 낙후된 저개발 후진국에서 세계 11위의 경제대국으로 성장하는 과정에서 우리나라 고용정책은 비록 경제개발 속도에 발맞추진 못했지만, 경제발전을 뒷받침하는 산업인력을 양성하고 관리하는 역할을 수행하면서 발전하여 온 우리나라의 고용정책을 ① 고용정책의 태동기(~1960년), ② 고용정책의 발아기(1961~1975년), ③ 고용정책의 발육기(1976~1986년), ④ 고용정책의 발전기(1987~1997년), ⑤ 고용정책의 시련기(1998~2002년) 등 5단계로 구분하여 제시하였다.

류태모(2006 : 13-14)는 우리나라 직업의 시대별 변천과정에 대해서 1960년대에는 경제개발 5개년 계획에 발맞춰 다수의 공장이 건설됨에 따라 생산직이 증가하였고, 대기업 일자리가 거의 없었던 시절이라 사무직을 선호하는 엘리트들이 은행으로 몰렸으며, 1970년대 들어오면서 대기업 직원이 선호직업 1순위로 떠올랐는데, 그중 종합상사는 해외 주재원으로 파견될 수 있고 월급도 많아 선망의 대상이 되었다고 했다. 그리고 1980년대에는 소득이 증가하고 생활수준의 변화에 따라 펀드매니저 등이 선호직종으로 부상하였고, 반도체 · 광고 · 컴퓨터 분야에 새로운 일자리가 창출되었으며, 2000년대에는 정보통신의 혁명과 생명공학, 환경, 에너지 분야와 실버산업에서 많은 일자리가 창출되는 경향이 나타난 것으로 단계별로 정리하였다.

이우성(2000)은 우리나라 산업구조 및 고용형태의 변화, 노동시장의 유연성이 실업을 장기화하는 것으로 지적하면서, 외환위기 이후 우리나라 노동시장은 일용근로자와 임시근로자가 전체 임금근로자에서 차지하는 비중이 점차 증대하여 상용근로자의 비중을 넘어섰으며, 경기가 회복되어 실업률의 감소가 현저한 시점에 있어서도 이러한 현상이 지속되어 노동시장의 구조적 변화가 정착되는 것으로 평가하였다. 그리고 임시근로자와 일용근로자를 합한 불안정 고용계층의 비중이 상용근로자보다 더 확대되었으며, 실업의 지속요인으로는 외부의 충격에 대한 노동시장의 미흡한 대응에 대하여 외환 위기 이후 장기실업자와 전직실업자의 상승으로 자연 실업률이 증가된 것은 결국 노동시장에서 고용의 신속한 재배치와 재배분이 이루어지지 않고 있음을 의미하고 있다고 제시하였다.

개발경제시대 국가는 산업정책과 고용정책을 통합적으로 운영할 계획으로 노동시장의 수요와 공급을 조절하였으나, 지식정보화 및 세계화 시대 국가는 '획일적' 인력수급조정보다 노동시장의 자율적 신호기능에 위임하는 경향이 증대되고 있다(한국고용정보원, 2007).

급격하게 변하는 산업 환경에 따라 고용정책과 노동시장이 부단하게 변화하고 있으며, 그 속도는 앞으로 더 빨라질 것이다. 우리나라 고용시장은 경제발전과 더불어 동반 성장을 하긴 했지만, 외환위기 이후 경기 침체와 대량실업 사태에 직면하고 있으며, 대졸자들도 저조한 취업률과 실직 후 재취업에 많은 어려움을 겪고 있다. 대졸자들은 의식이 상당히 진보적이면서 자신의 욕구충족을 제일 우선시하는 경향이 강하여 자신이 좋아하고 재미있어 하는 일에는 몰두할 수 있지만 그렇지 않으면 쉽게 자신의 일을 포기하거나 직장을 바꾸는 경향이 두드러진다. 기존 세대들이 인식하던 생활수단으로서의 직업이 아니라 자신의 개인적인 성취감과 만족을 증대시키는 수단으로서 직업을 바라보고 있다. 그러나 변화하는 진로환경 속에서 대학생들이 진로를 성공적으로 열어나가기 위해서는 진로환경의 변화를 예측하면서 유연하게 대처해 나가야할 것이다.

2. 직업환경의 전망

1) 직업환경 전망 추이

직업은 계속 분화되고 다양화된다. 고기능 제품의 출현과 우회 생산의 증가는 복잡한 생산과정과 고숙련·고기능을 요구하고, 이에 따른 교육·훈련의 확대는 직무의 질과 내용을 다양화 시켜 직업의 분화를 가속화시킨다.

지식·정보화의 진전은 기업 환경과 산업 구조를 새롭게 변화시킨다. 지식·정보화의 진전은 상품 수명 주기를 가속적으로 단축시키고 있다. 상품 수명 주기의 단축은 기존의 대량생산 방식과는 다른 생산·판매 조직을 필요로 한다. 대규모의 기업단위 직업이 소멸되고 각 생산 과정마다 기업 분화를 촉진시키는 방향으로 기업 환경이 바뀌고 있다.

사이버 공간을 통한 기업 활동이 증대되고 이를 통한 기업 활동이 늘어가고 있다. 다국적 기업의 경우 인터넷을 통하여 원료·부품의 생산이나 이동 그리고 분배를 효율적으로 하여 경비절감 효과를 노리고 있다. 또한 인터넷 쇼핑몰의 등장으로 사이버 판매가 일반화되고 따라서 사이버 관련 직업이 많이 생길 것이다.

삶의 질을 높이는 환경산업 비중이 증대된다. 환경의 중요성이 대두됨에 따라 환경 관련 산업이 성장 할 것이고, 환경과 인간의 삶의 질을 종합적으로 분석·기획하는 생태산업이 각광을 받을 것이다.

문화관련 산업이 증대될 것이다. 여가 시간이 증대함에 따라 문화·예술 분야의 산업에 대한 수요가 증가할 것이다. 21세기는 문화의 시대라 일컬을 정도로 이 분야의 성장 속도는 놀라울 정도다. 지식기반 산업, 첨단산업, 서비스 관련 직업도 증대하고 있다.

평생직장 대신에 평생직업 개념이 도입된다. 직장을 옮긴다 해도 특정 업무에 계속해서 종사할 직업인은 지적 재산이 풍부하고 창의성을 가진 사람이다.

가변적인 근무 형태가 일반화된다. 가상공간에서 활동하는 기업이 증가하면서 시간 및 공간의 제약에 구애받지 않고 상품과 서비스를 제공하는 기업 근무 형태가 생긴다. 탈 직장화, 재택·원격근무, 근무 시간의 탈상근화, 시간제·계약제 근무가 확산된다.

지식정보화시대인 21세기는 멀티미디어와 정보화의 시대로 전자편지, 화상회의, 재택근무, 가상현실, 가상기업, 그리고 네트워크 기업 등이 일상화되고 있다. 정보통신기술의 발달로 멀티미디어가 생활화되고, 고속통신망과 무선통신망의 확충으로 직장과 가정이 네트워크로 연결되어 광범위한 자료 이동과 전환이 가능해졌다. 화상회의가 가능해져 대면접촉에 의한 회의를 실시하지 않아도 되어 시간의 단축, 상위로부터의 지시나 횡적 의사소통에 의한 시간단축으로 공간적인 확대가 가능하게 되었다. 초음속 비행기의 개발과 초고속 전철 등의 보급과 도입으로 세계가 단일의 경제권으로 인식될 정도로 모든 부문에서 변화가 지속적으로 일어나고 있다.

류태모(2006 : 15-16)는 21세기의 새로운 진로환경의 유형을 구체적으로 제시하였다. 첫째, 범세계적 경쟁이 보편화되어 기업이나 개인 모두에게 더 이상 현실에의 안주를 용납하지 않을 것이며, 급격한 변화의 흐름에 적응하지 못하면 도태될 수밖에 없으므로 급변하는 환경에 적응하기 위한 변화관리의 필요성이 대두된다. 둘째, 새로운 시대의 핵심역량으로서 지식의 중요성이 더욱 커질 것이며, 새로운 유형의 지식근로자들이 나타나 기업의 중추적인 역할을 담당하게 될 것이며, 새로운 시대에는 가상기업, 가상 사무실, 다기능 훈련, 아웃소싱, 종업원 참여, 고도 참여조직, 팀구축 활동, 텔레커뮤니케이션, 휴일의 증가, 임시직의 증가, 자유 계약직 전문가의 증가, 신속한 의사결정, 네트워크 조직, 수

평형 조직, 임파워링(empowering) 등이 보편화될 것이다.

　현재 직장인들은 자의 또는 타의에 의해 '평생직장'에 대한 신화가 무너지면서 일터를 옮기는 직장인이 많아지고 있다. 대기업과 중소기업간 인력이동 사례가 눈에 띄게 증가하고 있으며, 대기업에 종사하던 사람들은 중소기업으로의 직장이동을 좌천으로 인식하고 있는 경향이 많았지만 계속되는 구조조정 등으로 오히려 중소기업에 대한 인식의 전환을 가져오면서 기업 간 인력이동이 많이 이루어지고 있다. 대기업은 가능성이 있는 인재를 중소기업에서 발굴하기를 원하고, 중소기업은 대기업 경력을 가진 관리자를 선호하게 되었다.

　지속적인 구조조정의 과정 속에서 최근 중요하게 대두되고 있는 것이 재취업시장이며, 미래에 대한 보장성 강화를 위하여 다니던 회사를 그만두고 다른 회사로 옮기는 직장인이 늘고 있다. 이직이 보편화됨에 따라 직장인들은 먼저 회사의 이름보다는 업무의 일관성을 유지하는 것을 중요하게 생각하고, 특정 분야에서 전문가나 최고 경영인으로 성장하겠다는 목표를 중시하고 있다. 전문가나 최고 경영자에게는 다양한 업무를 섭렵하는 것도 중요하지만 해당 분야에 대한 본인만의 깊은 지식과 경험이 요구되기 때문이다.

　앞으로도 직업환경은 인간 의식 변화와 산업기술 발달에 따라 무한하게 변화해 나갈 것이며, 이러한 직업환경에 잘 대응하기 위해서는 주변의 상황 변화를 예측하면서 장기적인 관점에서 자신의 경력을 설계하고 전문가로서의 영역을 확장해 나가는 역량이 필요할 것이다.

2) 새로운 직업환경

　21세기에는 직장 내에서 근무하는 사람들의 숫자가 대폭 줄어들 것이며, 통신망의 발달로 인하여 의사소통이 원거리에서 자연적으로 이루어져 대면접촉의 기회가 줄어들어 조직에 대한 충성심보다는 실리를 바탕으로 한 계약적 관계가 주류를 이루게 될 것이다. 조직 명령체계의 이완, 조직구조의 간소화 등의 현상이 야기될 것이며, 근무시간이 대폭 감소될 것이다. 직무 공동분담제(job sharing), 탄력적인 근무시간 제도(flexible time), 재택근무(in-home working)가 보편화되어 정규적인 작업시간, 엄격하게 규정된 의무들, 변하지 않는 보수 등의 특징을 지니는 과거의 전통적인 직업은 서서히 사라질 것이다. 이러한 직업개념의 변화는 기업이나 각 개인에게 곧 익숙해지고 새로운 진로환경으로 정착될 것이다.

류태모(2006 : 22)는 새로운 시대의 직업개념의 변화에 대해 의사결정의 신속화와 더불어 개인과 기업의 정보력의 중요성 강화, 근로자에게 하향적 권한위임의 흐름 강화, 팀 단위 조직구조로 일반화, 교육과 훈련의 중요성 증대, 노동인력의 소수 정예화와 주변업무의 아웃소싱의 보편화, 중간 관리층의 감소, 직업의 안정성의 파괴, 파트타이머, 프리랜서, 하청업자, 독립적인 전문가 등 임시인력의 증가, 기술자가 새로운 엘리트 계층으로 정착, 지식산업의 폭발적 성장 예상 등을 제시하였다.

류태모(2006 : 21)는 또한 새로운 시대의 직업수행 여건의 변화에 대해 탄력적인 근무시간, 복수의 직업소유, 파트타임 직업의 대폭적 증대, 능력에 상응하는 연봉제의 도입, 재택직업의 증대 등이 앞으로 우리가 대충 어림잡아 볼 수 있는 직업의 개념들이며, 무인 로봇의 대규모 확산과 공장자동화의 증대 등으로 인하여 생산직의 대폭 감소가 예견되고 새로운 아이디어를 요구하는 새로운 형태의 직업들(컨설팅, 보험업, 각종 서비스업 등)이 대폭 증가할 것으로 제시하였다.

새로운 시대의 직업들은 당연히 새로운 세대의 의식을 반영할 것이다. 인간은 기본적으로 정보처리의 한계를 가지고 있고, 사고의 수준이 과거의 개인적 경험에 상당히 의존하고, 자신들이 가지고 있는 준거의 틀 속에 맞추어서 생활하고, 활동하며, 행동하고 싶어 한다. 새로운 시대에는 과거와는 다르게 수동적인 지시에 따른 수용보다는 능동적인 업무수행과 자기목표의 개발 경향이 더 강하게 나타날 것이다. 구태의연한 업무의 반복보다는 창의적인 업무의 자기개발의 성향이 강할 것이고, 연공서열과 같은 근속제보다는 능력개발에 초점을 맞추는 능력제에 관심이 증대될 것이다. 상사의 지시를 전적으로 수용하기보다는 자기 의견을 강력히 개진하게 될 것이며 자유로운 근무 시간제에 따른 성과제를 더 선호할 것이다.

새로운 시대에 등장하게 될 진로환경은 팀 중심의 업무수행, 세계화된 경영자, 다문화적 인력, 지식 전문가 등의 추세가 강화될 것이다. 조직구조의 유연화와 단순화 경향과 더불어 팀 중심적 작업이 증가함에 따라 팀제가 증가하게 될 것이며, 기업의 세계화 경향에 따라 기업의 국적이 모호하게 되고 국경도 그 의미를 잃게 됨에 따라 국적에 관계없이 능력에 의해 최고 경영자가 선출되는 경향이 증가할 것이며, 경쟁력의 최대 원천인 지식 중심사회로 변모하여 지식 전문가의 중요성이 더욱 증대될 것이다. 가장 중요한 것은 업무 수행에 따른 시간과 장소에 대한 제약이 미약해지고, 능력과 성과 중심의 환경이 조성될 것이다.

3) 전문직업 생활을 위한 준비

미래의 직업에 관한 평가기준도 달라져 현재와 같은 전통적인 기준에 의한 평가가 아니라 보다 근본적이고 새로운 기준에 의해서 평가될 것이다. 근로자 내부의 심리적 의식(심리적 만족감, 성취욕의 실현 여부, 창의성 개발 등)과 사회적으로 유망한 업종에 대한 평가(전문적 기술직, 서비스 업종, 창의적 업종 등)가 대폭 상향 조정되어야 할 것이다. 능력에 바탕을 두고 일의 효율적 성취에 그 기반을 둔 평가의 기준설정, 평가의 과정전개, 그리고 평가의 사후관리 등이 치밀하게 운영되고 실현될 것이다.

이같은 새로운 형태의 진로환경을 정확하게 파악하고, 이에 대한 적극적인 준비와 대처가 필요하다.

류태모(2006 : 25)는 기업적 측면에서 앞으로 기업은 근로자가 성장할 수 있는 지원 강화, 근로자와 고객의 일상접촉 강화기회 부여, 근로자의 경력관리, 능력개발 및 교육훈련 강화, 근로자 실적에 대한 보상성 강화, 의사결정 과정에 근로자 참여 강화 및 의사소통 경로 원활, 근로자의 리더십 강화 등을 제시하였다.

이는 기업적 측면에서의 역할이라기보다는 기업과 종사자들이 공동으로 수행할 내용으로 근로환경의 중대한 변화를 의미하고 있다. 진로준비자들이 진로환경에 적극적으로 대처하고 준비하기 위해서는 성장능력, 조직 내부 또는 외부에 대한 서비스 능력 강화, 경력관리와 능력개발, 업무 성과 극대화, 자발적 참여 능력, 리더십 능력 등이 진로 준비단계에서부터 기본 능력으로 배양되어야 할 것이다.

앞으로는 직업수행 생산성의 측정은 시간적 의미보다는 질적인 측면에서의 성과가 우선시 될 것이다. 직업형태의 변화는 신규 취업을 위한 준비와 더불어 재교육의 중요성이 증대되고 있으며, 특히 신규 취업 준비자들은 새로운 직업관에 맞추는 의식의 변화가 요구되고 새로운 체제하에서 능력 발휘 요건이 준비되어야 한다. 아울러 진로 준비자들은 신규 취업과 더불어 전직 등을 고려한 제반 요건을 준비하여야 할 것이다.

4) 직업변천사 및 채용방식의 변화

직업은 산업구조와 시대적 요구에 따라 꾸준한 변화가 이루어지며,

직업에 종사할 인력에 대한 채용기준이나 방법도 시대 진전에 따라 신 개념 방식이 도입되고 있다.

1945년 해방이후부터 50년대까지는 일제 강점기에서 벗어나 선진국 가들과 직접 교류하면서 정치·경제·사회·문화 등 전 사회적으로 새로운 발전의 전기를 마련하는 시기였다. 남북분단으로 인하여 정치적으로 안정이 되지 못하였고, 일제 강점기하에서 병참 기지화 정책으로 균형적인 산업기반이 형성되지 못했다. 해방이후 주된 산업기반은 농업, 수산업, 가내 수공업 수준의 공업 등 1차 산업이 주류를 이루었고, 인기 직업은 교육 수준에 따라 차이는 있었지만 안정적 수입이 보장된 관공서 직원, 은행원, 교육인, 전화교환원, 택시기사, 버스 안내양 등이었다. 채용방법은 20~30년대에는 경성전문 등 관공립전문학교에 대한 정책적 배려로 대부분 취업하였으며, 해방 전에는 조선총독부시험 합격자만 관료직으로 진출 하였다. 공채는 1957년 1월 삼성물산공사가 기업 최초 공채 시대를 열었다.

1960년대부터 시작된 정부의 경제개발정책이 본격적으로 수립·시행되고 70년대에 새마을운동 과정을 거치면서 고도 산업사회로 발전하는 중요한 전환이 이루어졌다. 1960년대 최고 인기 직업은 은행원, 교사 등이고 민간항공 시대가 열림에 따라 여승무원이 출현하였고, 70년대 인기 직업은 군인, 대기업 사원, 엔지니어 등이었다. 1977년 노동청에서 발간한 『직업의 선택』 자료에 의하면, 대졸자에게 적합한 직업으로 건축기사, 기술자 및 측량기사, 의사 및 치과의사, 교사 및 종교봉사자, 예술가, 작가, 제도사 등 전문적·기술적 직업 및 유사 종사자가 제시되었고, 부문 또는 중층 관리직 종사에 적합한 것으로 나타나 있다. 채용방법은 60년 한국항공사에서 국내 최초 여승무원 공채가 실시되었고, 60~70년대 대졸 공채 최고 경쟁 직업은 은행원 및 교사가 주류를 이루었고, 70년대에는 대기업 공채가 본격화 되었다.

　　1980년대에는 기술집약적 산업시대가 도래하였고, 성차별을 개선하기 위한 노력의 결과로 「남녀고용평등법」이 제정됨에 따라 여성의 경제활동이 활발해졌다. 김경동(1992)의 「한국인의 가치관과 사회인식」 조사에 의하면 희망직업 순위는 의사, 교수(학자), 기업가(경영자), 판검사, 고급공무원, 기술자, 정치가, 과학자, 외교관, 엔지니어, 군장교, 사회사업가, 교사, 변호사, 성직자, 체육인, 언론인, 농민, 상인, 예술가(작가), 약제사, 은행원, 경찰 순으로 나타나 있다. 1990년대에는 고도화와 국제화 속에서 외환위기 등으로 인하여 대량 실업 사태를 맞이하는 성장과 충격의 시대였다. 이 시기에 직업들이 다양하고 복잡한 형태로 생성하고 소멸하는 모습을 보였을 뿐만 아니라 생성과 소멸의 주기도 매우 빨라졌다. 이러한 현상들이 지속됨으로써 직업에 대한 고정관념이 파괴되었고, 새로운 직업 관념들은 종전에 '지위 지향적이고 명예로운'에서 '오래 일하고 안정된 직업'을 단연 1위로 꼽아 교사나 공무원을 가장 선호하였다. 1998년 대량 실업 사태가 발생하면서 오래 일하고 안정적인 직업에 대한 관념은 더욱 확산되었다(김병숙, 2007 : 796).

　　80년대에는 증권/보험, 호텔/레저, 광고, 공무원 등이, 90년대에는 정보통신, 컴퓨터, 서비스, 레저, 금융, 기업 등이 주류를 이루었고. 채용방법은 84년 LG에서 인턴제 도입, 94년 주요기업에서 상시 채용제도 도입, 95년 삼성에서 열린채용 선언, 대기업 직무능력검사제도가 도입되었고, 97년 IMF사태로 99년부터 신채용기법이 도입되었다.

　　2000년대부터는 사이버와 지식기반사회가 도래함에 따라 공무원/공기업, 금융, 서비스, 정보통신/컴퓨터/반도체/항공우주, 레저환경, 환경공학, 생명공학 등 안정성과 전문성이 중시되고 있다. 채용방법은 더욱 다양화되어 2002년 삼성에서 신면접제도 도입, 2006년 이후 대기업 인·적성 검사 다양화 및 직무 역량면접이 강화되었고, 2008년 대기업에서 인턴채용 활성화 및 영어구사 능력평가가 강화되었다.

해방이후부터 2000년대까지 한국의 직업사 및 공채사를 요약하면 아래 〈표 1〉과 같다.

표 1 _ 한국의 직업사 및 공채사 현황

	해방전후~50년대	60~70년대	80~90년대	2000년대
직업사	-20~30년대 : 농업인, 수업인, 일제강점하의 일부공업인 -40~50년대 : 관공서 직원, 은행원, 교육인, 전화교환원, 택시기사, 버스 안내양 등	-60년대 최고 인기 직업 : 은행원, 교사 등, 여승무원 출현 -70년대 주요직업 : 군인, 대기업사원, 엔지니어 등	-80년대 : 증권/보험, 호텔/레저, 광고, 공무원 등 -90년대 : 정보통신, 컴퓨터, 서비스, 레저, 금융, 공기업 등	2000년대 : 공무원/공기업, 금융, 서비스, 정보통신/컴퓨터/반도체/항공우주, 레저환경, 환경공학, 생명공학 등
공채사	-20~30년대 : 경성전문 등 관공립전문학교 정책적 배려로 대부분 취업 -해방전 : 조선총독부시험 합격자만 관료직 진출 -50년대 : 삼성물산공사 기업 최초공채(57.01)	-60년 한국항공사 국내 최초 여승무원 공채 -60~70년대 대졸 공채 최고 경쟁직업은 은행원 및 교사 -70년대 대기업 공채 본격화	-84년 LG 인턴 도입 -94년 주요기업 상시 채용제도 도입 -95년 삼성열린채용 선언, 대기업 직무능력검사도입 -97년 IMF사태로 신 채용기법 도입(99년)	-2002년 삼성신면접 도입 -2006년후 대기업인 적성 검사 다양화 및 직무 역량면접 강화 -2008년 대기업 인턴 채용 활성화 및 영어 구사 능력평가 강화
참고	해방전후 : 관공서직원, 은행원, 교사직 제외한 80%정도 농업·수업인/ 60~70년대 : 개발경제시대, 본격적인 고용확대(70년대 중동 건설분야 대량 취업)/ 80년대 : 노동집약적 직업에서 지식집약적 직업으로 이행/ 90년대 : 컴퓨터관련 전문직업 출현/ 2천년대 : 공기업 및 공무원 등 고용안정직업 급부상			

〈자료 출처 : 이종구 외, 2009, 「한국 직업변천사의 시대별 특성 비교분석에 관한 탐색적 연구」, 『한국경영사학회』 제24권 제4호, 85쪽〉

1980년대부터 2000년까지 약 30년간 시기별로 직업환경, 직업문화, 공채문화, 진로문화를 분석하면 다음 〈표 2〉와 같이 나타나 있다.

표 2 _ 시대별 직업문화 · 공채문화 · 진로문화 분석(1980~2009)

80년대 취업환경	직업문화(대학생)		공채문화(기업)		진로문화(대학)	
-대학졸업정원제 실시(입학정원 증가) -국내외 경기침체, 대졸 취업환경 악화 -경제민주화, 노사분규, 임금인상 가속화, 노동경쟁력 약화 -서울올림픽, 고용창출미흡 및 외국사국내투자 (유치) 저조	기업선호도	-산업구조 조정단계, 대기업 일변도 선호 -공기업선호현상 부재 -대기업, 성장성/발전성/임금 · 복리제도, 공기업과 차별	채용제도	-대규모 정기공채 -그물형 채용방식 -그룹일괄 공채	취업진로기구	-학생처 소속(겸업) -전담 직원/부서/명칭 부재 -아르바이트/추천지원/취업통계
			필기전형	-그룹일괄 필기시험 -기초/기본지식 평가 -영어/전공(상식)		
	직업선호도	-성장업종위주로 선호 -금융권/서비스직선호(증권/여가산업 종사 직군 인기직업 부상)	면접방식	-기본소양/인성평가 -상식적인 보편적 사고의 소유자 선발	진로교육	-학생생활연구소 초기형태 출현 -기초진로상담교육 -성격 · 적성검사/심리/환경/생활/진로상담 등
			인재상	-관리자형 인재 -범인형/보통형인재 -합리적/희생적/책임감		
90년대 취업환경	직업문화(대학생)		공채문화(기업)		진로문화(대학)	
-블루라운드출범, 노동환경변화, 고임금시대 돌입, 국가경쟁력저하, 3D업종 외국노동자 유입 -노동인구 고령화/여성화/고학력화 -노동시장 유연성 결핍 -대졸 취업시장 인력 수급불균형 심화 -IMF사태, 취업시장 및 직업문화 대변혁 -대기업 부도/해체/M&A/빅딜 가속화 -전기업 구조조정 착수, 대졸 취업난 가속화	기업선호도	-산업구조 고도화단계, 대기업 및 일부 공기업 부상(90년대 후반) -IMF사태로 주요대기업 선별 선호현상/대기업 일변도 선호 현상 퇴조	채용제도	〈99년 채용대변화〉 -소수, 수시채용 -낚시형 채용방식 -계열사별 채용	취업진로기구	-학생처 소속, 취업 담당직원/팀/과/실 체제 출현 -인턴사원제지원/산학협력지원/모의면접/취업설명회지원
			필기전형	-필기시험 폐지 -신인재평가 위한 직무능력검사 도입(종합사고능력 중시)		
	직업선호도	-IT혁명, 정보통신 관련 직군 급부상 -금융권(증권분야) 파생직군 선호 -90년말공기업직장 부상	면접방식	-대기업 면접다양화 -전문지식 평가 -준비된 인재위한 실무면접 도입	진로교육	-학생생활연구소 업무범위 확대 -전문상담연구원 배치 -기존업무 및 취업/직업/학습/교육/진학상담 등
			인재상	-창조적인 인재상 -특이형 인재 -도전적/적극적/국제감각 소유자		

<table>
<tr>
<th colspan="1">2천년대 취업환경</th>
<th colspan="2">직업문화(대학생)</th>
<th colspan="2">공채문화(기업)</th>
<th colspan="2">진로문화(대학)</th>
</tr>
<tr>
<td rowspan="2">-저성장/고비용/저효율 시대 돌입
-평생직장붕괴, 평생직업 개념 정립
-국내외경기침체 장기화, 고용창출 저하
-고학력 취업난 사태, 사회문제로 비화
-노동시장 유연화 정책(비정규직법 등)</td>
<td>기업선호도</td>
<td>-주요 대기업 선별 선호
-공기업 및 금융권 선호
-반도체, 철강, 조선, 은행, 보험관련 기업 선호</td>
<td>채용제도</td>
<td>-그룹사 해체, 계열사 독자 채용
-인턴채용제 활성화</td>
<td rowspan="1">취업진로기구</td>
<td>-전대학 독립기구 확대, 개편/전문화/특성화 지향 (Job Search Guide 2005)
-취업진로 관련 인프라구축가속화</td>
</tr>
<tr>
<td>직업선호도</td>
<td>-평생직장 붕괴, 평생직업개념정립/직업전문화/전문직 부상
-안정직장/직업선호
-반도체, 은행, 서비스, 유통, 정보통신, 환경공학, 생명공학, 지식 경영직군부상</td>
<td>필기전형</td>
<td>-인적성검사확대, 강화(지식 및 인적성평가)
-입사 당락 영향 미침</td>
<td rowspan="1">진로교육</td>
<td>-업무영역 전문화/특성화 지향
-학생생활연구소 본연업무 및 최근 학생현실 분야(진로/취업/직업/이성문제 등) 강화</td>
</tr>
<tr>
<td></td>
<td>면접방식</td>
<td>-직무위주, 역량면접
-프리젠테이션 강화
-비즈니스스킬 평가
-국제화마인드평가 강화(외국어구사능력)</td>
<td></td>
<td></td>
</tr>
<tr>
<td></td>
<td>인재상</td>
<td>-전략가적 인재상
-비즈니스지향적인재/글로벌 인재</td>
<td></td>
<td></td>
</tr>
</table>

〈자료 출처 : 이종구 외, 2009, 「한국 직업변천사의 시대별 특성 비교분석에 관한 탐색적 연구」, 『한국경영사학회』 제24권 제4호, 88~89쪽〉

3. 직업교육 개념 및 특성

1) 직업교육 개념

대학에서 직업교육은 진로교육의 목적이 아니고 오히려 개인에게 의미와 만족을 가져다주는 생산적 활동에 종사하는 능력인 것이다. 진로교육은 개인이 미래에 삶의 질을 높이고 행복한 삶을 영위할 수 있도록 각자의 능력과 적성, 흥미, 형편에 맞는 진로를 계획해 주며 선택할 수 있도록 도와주는 일체의 교육적 활동을 의미한다고 할 수 있다. 결국 일의 세계에서 개인이 성공할 수 있도록 초점을 맞춘 전체 교육과정의

부분이라고 할 수 있으며, 또한 넓은 의미에서는 모든 교육이 생애교육의 차원에서 이루어져야 한다고 할 수 있다.

Newman(서진숙, 1998, 재인용)은 대학생 시기는 전 생애 발달을 통해서 보았을 때 청년 후기에 속한다고 하면서, 이 시기는 대학 진학 또는 사회 진출과 군 입대 등의 과정을 통해 부모로부터 자율성과 독립성을 키워나가는 시기이며, 개인적 가치와 목표를 설정하고 개인적 정체감을 확립하고 진로를 모색하는 시기이므로 진로교육이 가장 필요한 시기로 정의하였다.

장석민(1990)은 진로교육은 학생들을 행복한 개인으로서 생산적인 사회 성원으로 사회에 봉사하고 나아가 총체적인 자아실현을 위해 자신의 잠재적 가능성을 토대로 적성과 능력에 맞는 그리고 흥미있는 일의 분야를 선택하고 잘 가꾸어 나갈 수 있도록 도와주는 교육 활동이어야 한다고 제시하였다.

Hoyt(송현순, 1997, 재인용)는 진로교육은 일 지향 사회의 가치가 익숙해지고 이러한 가치를 개인의 가치체계와 통합하며 개인에게 일이 가능하고 의미 있으며 만족할 수 있는 방법으로 가치를 그들의 삶 속에서 이행토록 하기 위하여 모든 개인을 돕는데 초점을 둔 공교육과 지역사회의 전체 노력으로 정의하였다.

김충기(2005 : 18)는 진로교육은 학교체제 내에서 일과 직업세계가 중심이 되는 의도적 · 체계적인 교육을 통해 아동들이 자신의 진로를 인식 · 탐색하여 합리적으로 선택 · 결정할 수 있는 능력을 길러주는 활동을 의미하는 것으로 제시하였다.

Bailey(송현순, 1997, 재인용)는 개인이 만족스럽게 생산적인 삶을 누릴 수 있도록 그리고 진로에 들어가 계속적인 발달을 꾀할 수 있도록 돕기 위하여 제공되는 일체의 경험이라고 정의하였다.

곽형식(1998 : 52)은 직업교육에 대해 광의의 의미로는 직업과 관련

되어 행해지는 교육의 직업적 측면을 강조하는 것으로서 개인이 일의 세계를 탐색하여 자기의 적성, 흥미, 성격, 능력 및 신체적 조건에 맞는 일을 선택하고, 그 일에서 필요로 하는 지식, 기술, 태도, 응용, 분석, 종합, 평가 및 판단력과 일에 대한 습관과 가치관, 윤리 등을 내면화·행동화하는 능력을 함양하는 형식적·비형식적 교육 모두를 포함하는 것으로 교사, 의사, 변호사, 사회사업가, 컴퓨터프로그래머, 낙농경영자, 영양사 등 직업인을 양성하는 모든 교육이 직업교육에 해당되며, 협의적인 의미로 정의한다면, 전문대학 졸업 이하의 학력을 요구하는 특정 직업에 종사하기 위하여 필요한 지식과 기능을 습득시킬 목적으로 이루어지는 실업교육, 기능교육, 직업훈련을 의미한다고 제시하였다.

이무근(2006 : 35)은 직업교육에 대해 개인이 학사학위 미만의 학력을 요구하는 일에 종사할 수 있도록 일의 세계를 탐색하고, 자기의 적성, 흥미, 능력, 신체적 특성, 가치관 등에 알맞은 일을 선택하고, 그 일에 필요한 지식·기능·태도·이해·판단력·일에 대한 습관 등을 개발하거나, 또 이미 현직에 종사하고 있는 근로자가 자신의 일을 개선·유지할 수 있도록 학교교육, 사회교육, 그리고 일의 현장을 통해서 능력을 개발하는 전체교육의 일부를 의미하는 것으로 제시하였다.

진로교육의 목적은 국가나 산업의 발전정도 또는 학자나 교육기관에 따라 다르기 때문에 직업교육의 목적을 한마디로 간단히 표현하기는 어렵지만, 에반스(R. N. Evans)와 헤르(E. L. Herr, 1978)는 직업교육의 목적을 ① 직업에 대한 교양 교육적 기초능력을 길러 일상생활 특히, 의식주 생활에 기초가 되는 기본적인 지식과 기술과 태도를 기르고, 여러 교과에 대한 학습동기를 유발시키며, ② 개인의 직업선택 기회를 확대시키고, ③ 산업사회가 필요로 하는 인력양성의 세 가지로 정의하고 있다.

김충기(2005 : 37)는 진로교육의 궁극적 목적에 대해 사회적 인력 손실을 막고 적재적소에 알맞은 유능한 일꾼을 길러내기 위한 방법이 새

로이 고안된 진로교육이 이루어지고 누구나 주어진 소질과 능력을 개발
하여 적성과 흥미, 소질·인성에 알맞은 직업선택의 기회가 주어진다면
주어진 직업에 만족하고 능률을 향상시키며 행복한 인생을 살 수 있는
여건을 갖추게 된다고 제시하고 있다.

2) 직업교육의 위치

김충기(2005 : 40-41)에 의하면 직업교육은 〈그림 1〉에 표시된 바와
같이 상위개념인 진로교육 범주 안에 핵심 기능으로 위치하고 있으며,
직업교육은 전반적인 교육체제 속에 포함되어 있으며, 교육체제는 사회
(지역)의 범주 안에 속해 있음에 따라 직업교육은 교육체제 안에서 학
교교육의 정상적인 활동과 함께 이루어지는 종합적인 과정이며, 직업교

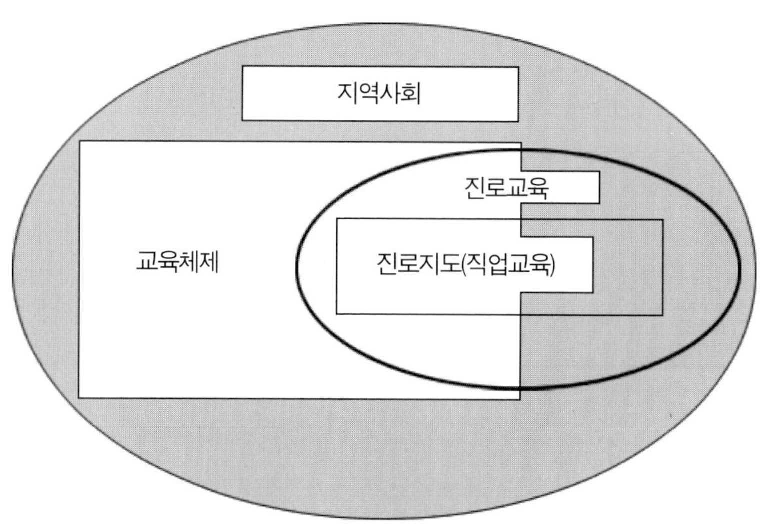

그림 1 _ 진로교육의 위치

육이 학교교육 현장에서 목표로서 제시하는 바에 따라 원만하게 실시되어야만 개인이 가지고 있는 잠재 능력을 발휘할 수 있게 되고 적재적소에 알맞은 진학이나 직업선택이 올바르게 이루어 질 수 있다고 제시하고 있다.

직업교육은 공교육과 지역사회와의 공동 노력이 필요한 것으로 학교가 단독으로 수행하기에는 어느 정도 한계를 가지고 있다. 따라서 직업교육이 효율적으로 이루어지기 위해서는 학교와 사회와의 유기적인 협력 속에서 총체적 학습 환경이 조성되고 지원이 이루어져야 할 것이다.

3) 직업교육의 필요성

우리나라가 경제발전이 질적·양적으로 고도성장을 하던 70~80년대 시절에 대학 졸업자는 비교적 좋은 직업을 선택할 수 있는 기회가 주어졌다. 그러나 최근 들어서는 경기침체와 실업 증가에 따라 대학 졸업자는 취업 기회가 줄어들고, 잘못된 취업에 대한 불만 등 진로문제가 심각함에 따라 효과적인 직업교육의 필요성도 강하게 대두되고 있다.

송혜령(2004)은 구직자들은 직업, 직장 등과 관련하여 직접적이고 체계적인 접근이 많지 않아 노동시장에 대한 지식과 정보가 부족하여 구직실패를 경험하게 되며, 이로 인하여 자신의 교육수준이나 적성에 부합하지 않는 하향취업으로 이어지기도 한다고 제시하였다.

김병숙(2007)은 상품의 생애주기가 점점 짧아짐으로써 고용안정성이 그만큼 짧아지고 있으며, 실업 전에 개인은 이미 실업위기에 대한 초조, 불안, 두려움 등의 상태에 있게 되고, 연령에 따라서 그 대처방식이 다르다고 제시하였다.

곽형식(1998)은 한국의 대학생들은 대학에 들어와 학문연구나 진리탐구보다는 졸업 후에 어떤 직업인이 되느냐가 궁극적인 목적임에 비추어 직업세계와 매우 밀접한 관련성을 가지고 있다고 하였다. 대학교육을 받은 후에는 모든 학생들이 좋은 직장이나 바람직한 직업을 선택하여 자기의 일생을 보람되게 살면서 가치 있는 일에 종사하고자 원하고 그에 따라 대학생들과 학부모들이 원하고 있는 좋은 직업 선택과 취업에 대한 열망을 충족시켜주기 위해서 각 대학들은 취업에 필요한 실용적 교과목을 신설하고 직업사회에 유효하게 적응할 수 있도록 실력향상과 준비교육에 심혈을 기울이고 있는 추세에 있다고 제시하였다.

박정기(류태모, 2006, 재인용 : 45-46)는 직업교육과정의 시행은 진로교육과정과 함께 병행해서 진행되어야 하며, 초등학교와 중등학교 교육과정을 수행하는 동안 직업진로인식, 직업진로탐색, 직업진로준비 단계를 거쳐 대학에 들어 올 때는 이에 따라서 전공학과를 선택하여 입학하는 것이 가장 바람직하지만 오늘날 한국의 대학입학은 이러한 과정이 많이 고려되지 않는 상태에서 점수에 맞추어 학교와 학과를 선택하는 비극적인 현실이 계속되어 오고 있어서 대학에서라도 직업진로 교육과정을 통하여 자신의 자질, 적성, 능력을 재조명하여 보고 그에 적합한 직업진로준비를 하도록 지원하는 과정은 매우 중요한 교육과정이라고 제시하였다.

마랜드(김충기, 2006, 재인용 : 30)는 진로교육의 필요성에 대하여 포괄적으로 진로교육을 중핵으로 하는 직업교육이 교양교육보다 강조되어야하고, 고등학교 수준에서의 교육은 학생 개인의 진학 또는 생산적인 일에 취업할 수 있는 교육실시, 다양한 전달체제를 통한 교육실시, 개인에게 개방된 진로 선택 기회 증대 방안 등을 제시하였다.

이선(2004, 179)은 지식·정보화에 따라 수많은 직업들이 새로 생겨나고 직무내용이 깊어지고 있어 계속교육이 정규 학교교육과 비견되는 중요한 인력개발의 과정으로 부상하여왔다. 정규 학교교육에 대한 수요는 큰 반면 직업능력을 개발하는 계속교육은 등한시되어 온 것도 또한 극복하여야 할 과제이다. 학교교육에서 산학연계가 이루어지고 학교를 떠나서도 직업능력을 개발하는 계속적인 직업교육이 이어지는 평생직업교육 체제가 구축되어야 한다. 평생직업교육 체제의 구축을 앞당기는 것이야말로 향후 우리나라가 인적자원의 비교우위를 가지고 선진산업화를 앞당겨 나갈 수 있는 길이라고 제시하였다.

대학 졸업자들은 자기가 선택한 직업을 통하여 전문적인 일을 하고 싶고, 일을 통하여 자신의 삶의 의미와 기쁨과 보람을 느낌과 동시에 자기의 존재와 사회적 위치 및 역할을 확인하면서 사회의 일익을 분담하는 것이기 때문에 직업의 선택은 개인의 생애를 결정짓는 가장 중요한 요인이다. 대학생들에게 가장 중요한 장래의 직업을 올바르게 선택하고 준비할 수 있도록 도움을 주는 교육과정으로서의 진로교육은 대학생들에게는 매우 중요하며, 대학교육에서 교과교육과 더불어 중요한 영역이라고 할 수 있다.

새로운 방향에서 직업교육을 효과적으로 실시하기 위해서는 변화되는 직업환경을 잘 이해하는 가운데 학생과 학부모의 편향된 직업관 시정, 진로에 대한 올바른 이해, 올바른 방향의 진로관 형성 및 가치관 정립 등이 선행되고, 대학에서는 이에 적합한 다양한 직업교육 과정이 효과적으로 실시되어야 할 것이다.

4) 진로(직업)교육의 내용

대학에서 진로탐색, 진로교육 프로그램에 대하여 중점적으로 연구가 이루어지고 있다. 진로교육의 효율적인 실시를 위해서는 진로지도 기구의 체계적 통합, 연계교육 강화, 진로자료의 공유, 관련 기관간의 유기적인 협력체제 구축, 행·재정상의 지원 강화 등을 제시하고 있다. 진로탐색은 올바른 검사 도구를 개발하여 대학생들의 발달과업과 외국어공부 행동도 측정하여 진로탐색 행동에 대한 요인들이 발견됨으로써 진로 상담자가 내담자를 이해하고 평가하며, 진로탐색 결과에 따라 개인차를 고려한 진로지도를 실시해야 한다고 제시하고 있다. 진로교육 프로그램의 운영은 지역사회와 학생의 수준에 알맞은 다양한 진로 프로그램 개발모형 보급, 적극적인 구직활동을 하도록 다양한 취업희망 프로그램 실시, 장·단기적인 취업정보 접근강화 등 제도적인 장치 마련 방안들을 제시하고 있다.

이병호(1983)는 "대학의 진로지도활동에 대한 분석적 연구"에서 대학에서 진로지도 활동이 더욱 효율적으로 이루어지고 강화되기 위해서는 진로지도 관계기구 및 조직을 통합하여 체계적으로 단일화, 전체 학생을 대상으로 진로지도 프로그램 및 강좌 실시, 전국 대학간 진로지도 자료 공유 체제 확립, 일반교과에도 산업사회 또는 사회현장 교육 연계 실시, 체계적이고 조직적인 산학협동체제 구축 등의 방안을 제시하고 있으며, 특히 대학 구성원들이 진로지도 활동에 대한 중요성을 인식하고, 행·재정상의 지원이 선행되어야 할 것을 제시하였다.

오병수(1992)는 "진로교육 프로그램이 진로 가치관에 미치는 영향"에서 수준 높은 진로 프로그램 개발을 통한 체계적이고 효율적인 진로지도를 위하여 지역사회와 학생의 수준에 알맞은 다양한 진로 프로그램 개발모형 보급, 교육과정에 진로가치관의 목표 및 진로지도 내용을 체계적으로 정립·반영, 학교에서 의도적이고 체계적인 진로가치관 지도, 진로에 대한 사회적 홍보활동 병행, 진로교육을 초등학교·중학교·고등학교·대학교·사회가 연계·협조체제의 필요성을 제시하였다.

송현순(1997)은 "진로성숙에 관련된 변인에 관한 메타 분석"에서 진로성숙과 관련된 개인적 특성변인(학업 성취도, 성별, 자아 관련 특성, 지능)과 사회적 배경 변인(지역별 차이, 학교별 차이, 가정 환경 차이)에 대한 상관 관계에 대한 분석 결과 진로 성숙과 가장 상관이 높은 변인은 자아 관련 특성으로 가장 낮은 변인은 가정 환경으로 나타남에 따라 앞으로 진로 지도는 개인차를 충분히 고려하여 실시해야 한다는 것을 제시하였다.

민소령(1998)은 "진로의사결정 프로그램이 대학생의 진로확립과 자아개념 및 불안감소에 미치는 효과"에서 대학생의 진로의사결정 상황이 자아 개념과 불안 정도에 어떤 영향을 미쳤는가에 대한 연구 결과 진로의사결정 프로그램은 진로의사결정 확립 정도에 효과가 있었고, 불안의 감소에 유의미한 차이가 있었으나, 자아개념의 변화에는 효과적이지 못한 것으로 제시하였다.

서진숙(1998)은 "대학생의 진로탐색행동 측정도구 개발에 관한 연구"에서 이 연구에서 제작된 진로탐색행동 검사도구가 진로발달이론에서 제시된 대학생들의 발달과업(정보수집행동, 구직행동, 시험준비행동 등) 뿐만 아니라 한국 대학생들에게 중요한 외국어공부 행동도 측정한다는 점에서 한국 실정을 반영하고 있는 도구라고 할 수 있다. 이 도구를 통해 대학생들의 진로탐색행동에 대한 요인들이 발견됨으로써 진로상담자가 내담자를 이해하고 평가하는데 이 도구와 요인들이 유용하게 사용될 것으로 기대하고 있다.

조애리(1999)는 "대학생의 진로결정수준 및 진로탐색행동과 성격 5요인의 관계"에서 성격의 5요인과 진로결정수준 및 진로탐색행동과의 관계를 살펴보고, 연구결과의 안정성을 위해서는 또 다른 표집을 통한 반복연구, 대학의 수준이나 전공과 같은 다양한 변인들을 함께 분석, 하위요인들을 사용하여 좀 더 구체적으로 성격의 어떤 측면이 진로결정수준이나 진로탐색행동과 관련이 있는 지 살펴볼 것을 제시하였다.

박연(2005)은 "취업희망 프로그램이 구직 효율성에 미치는 영향에 관한 연구"에서 취업희망 프로그램 참여는 구직 효율성에 영향을 미쳤고, 취업희망프로그램 만족도가 높을수록 구직 효율성이 높게 나타나고 있으므로, 실업자가 혜택을 누릴 수 있도록 적극적인 구직활동을 지원하는 취업희망 프로그램 실시, 장·단기적인 취업정보 접근강화 등의 제도적인 장치 마련 방안을 제시하였다.

서지윤(2007)은 "대학졸업예정자의 취업불안과 취업처 선정 기준 간의 관계분석"에서 개인적 특성에 따라 취업불안과 취업처 선정 기준에서 차이가 나타났으며, 취업불안에 따라 취업처 선정 기준과 높은 상관이 있지만, 편향된 선정 기준을 보이고 있으며, 앞으로 대학졸업예정자가 가진 취업률 불안에 대한 다각적인 조사와 연구, 취업처 선정에 대한 다양한 조언과 교육이 필요하다고 제시하였다.

이외에도 한국교육개발원, 한국직업능력개발원, 한국고용정보원 등 전문기관과 개별 대학을 중심으로 진로지원부서의 활동 및 진로교육현황에 대한 연차보고서 발간과 분야별 연구를 통하여 진로교육 분야의 인프라 구축과 장·단기적인 발전방안을 모색하고 있다. 대학의 진로교육 프로그램은 대학의 기본적 특성을 반영하고 본래의 교육목적을 달성하기 위해서 적합한 진로교육과정을 설계하여 운영하는 것이다.

이를 위하여 오병수(1992)는 다음과 같이 운영 방향을 제시하고 있다.

첫째, 프로그램의 근간을 이루는 교과서와 더불어 교육과정에 반영되어야 할 교육방침이나 시대적인 요청은 교과목표 달성과 연결되어 체계화되고 조직화된 통합체로 만들어져야 한다. 둘째, 프로그램은 학교의 실정을 충분히 고려하여야 한다. 셋째, 프로그램의 지역화를 고려해야 한다. 넷째, 진로 프로그램은 학교에서 다양하게 운영될 수 있도록 개발되어야 한다.

이에 대한 구체적인 내용을 다음과 같이 제시하고 있다.

① 이용자 중심의 진로취업서비스를 개발하여 진로개발, 진로계획 수립과 준비의 포괄적인 서비스를 제공하고, Self-진로설계 가이드 라인을 제정해야 한다.

② 차별화된 취업 지도 대책 수립 및 프로그램을 운영하여 단대별 특성을 감안한 진로취업지원 서비스를 가동하고 직업능력개발 프로그램을 강화해야 한다.

③ 대학에 적합한 취업진로시스템의 재정립과 운영을 위하여 진로 및 취업교육과목을 체계화하고 정규 교과목으로 전환, 개별 직업교육의 수립지원 및 전담인력의 강화, 상담서비스 전달체제의 구축 및 부서간 연계 업무의 강화, 기업 및 각계 전문가의 참여유도가 필요하다.

④ 진로상담, 진로정보 제공, 진로진도 서비스를 개발하여 진로상담실 및 취업도서관의 운영, 상담전문인력의 채용 및 카운슬러제 운영, 온라인을 통한 진로지도 강화가 필요하다.

⑤ 진로 및 취업시스템에 대한 적극적인 홍보 방안을 마련하여 온라인 웹사이트 운영 및 취업홍보마케팅 프로그램 개발, 온라인을 통한 신속한 취업정보의 실시간 제공이 필요하다.

⑥ 구체적인 직업정보 및 취업정보제공을 위하여 학생들의 진로 및 취업실태 자료화, 취업통계(취업이력조사 및 취업 D/B구축), 자체 취업전산망의 운영과 구축, 미취업 졸업생에 대한 사후관리방안 마련이 필요하다.

⑦ 취업 현장 이해와 현장체험 프로그램 강화를 위하여 멘토링 인턴시스템의 강화, 지역맞춤형 현장학습학기제의 운영이 필요하다.

⑧ 산학연계 네트워크 구축 및 취업프로그램 개발을 통하여 진로 및 취업지원을 위한 학내에서의 체계적 연계 및 다양한 참여주체와의 네트워크 구축, 기업체 연수 프로그램 개발 등 산학연계 프로그램 개발이 필요하다.

⑨ 진로생애와 진로계획 수립의 진로 로드맵 작성 지도를 위하여 진로취업 포트폴리오 개발과 운영, 특성화 분야별 로드맵 개발이 필요하다.

⑩ 외부 기관과의 취업 네트워크 구축·운영을 위하여 외부 취업통로의 네트워크 구축, 외부 취업 유관기관과의 협력방안 마련이 필요하다.

제2장
대학에서의 직업탐색과 준비

대학에서 전문직업인 육성을 위한 생애교육

1. 대학에서의 직업탐색

1) 자기 이해와 직업탐색

대학에 다니는 동안 철저한 자기 이해를 바탕으로 자신에게 가장 적정한 직업을 탐색해야 한다. 요즘 세상은 평생직장은 없다고 하지만 평생 동안 종사할 전문직업인으로서 탐색과 기본 바탕이 형성되는 중요한 시기가 바로 대학에 재학하는 기간이다. 자신에 대한 정확한 이해를 바탕으로 가치관과 적성에 가장 적합한 직업을 선택하여 평생 동안 발전시켜나갈 바탕을 마련하여야 한다.

자신이 진정으로 원하는 것은 무엇인가, 좋아하고 소중히 여기는 가치는 무엇인가, 다른 사람보다 잘 할 수 있는 강점은 무엇인가, 꼭 이루고 싶은 것은 무엇인가, 꼭 해야 하는 것은 무엇인가, 영원히 추구하고 싶은 가치는 무엇인가 등에 대하여 자기 탐색이 선행되어야 한다.

구체적인 선택을 위해서는 신체적인 소질, 정신적인 소질, 가장 흥미롭게 했던 일, 열정적으로 했던 일, 다른 사람이 인정하고 칭찬해준 소질, 성과가 높게 나타났던 일, 다른 사람들의 특기 중 모방하고 싶었던 일 등이 고려되어야 하며, MBTI, 홀랜드 등 전문 적성 검사 결과를 적극 반영하여야 한다.

직업선택의 성공조건을 구체적으로 아래와 같이 제시한다.

① 자신의 적성과 흥미에 맞아야 한다.

사회적으로 평판이 높고 경제적으로 우수한 직업이라도 자신의 적성과 다르고 흥미가 없다면 일정 수준이상 발전할 수 없는 한계가 있기 때문에 가장 우선적으로 반영되어야 할 요소이다.

② 자신이 하고 싶고, 할 수 있는 일이어야 한다.

진정 자신이 하고 싶은 일을 할 때 높은 가치를 창출할 수 있으며, 노력이 선행되는 가운데 자신의 능력으로 할 수 있는 일이어야 한다.

③ 자신만의 강점을 가지고 있어야 한다.

다른 사람들과의 경쟁에서 우위를 가지기 위해서 자신이 다른 사람들보다 빨리 우수하게 처리할 수 있는 분야를 선택해야 한다.

④ 경제적인 보장이 이루어져야 한다.

직업 종사의 기본 요소는 경제성이 있어야 하므로 특별한 경우를 제외하고는 경제적으로 자립할 수 있는 직업이어야 한다.

⑤ 시대가 필요로 하며, 미래 가치가 있어야 한다.

직업은 시대와 환경과 트랜드를 같이 하여야 하며, 미래적 가치를 창출할 수 있어야 한다.

2) 직업 선택 시 고려 요인

(1) 흥미

사람은 천성적인 성격유형에 따라 흥미가 다양하게 나타나고 있다. 흥미는 개개인이 특정한 영역에 대하여 즐기고 좋아하는 것으로 직업과 연결될 때 우수한 성과로 나타날 수 있는 요인이며 행복감을 더 할 수 있는 요인이다.

반드시 흥미와 연관된 직업을 선택할 수는 없고 적성만큼 직접적으로 미치는 영향은 적겠지만, 직업을 준비하고 선택하는 데 있어서 고려되고 검토되어야 하는 중요한 요인이 다.

흥미와 관심 직업 분야를 아래와 같이 〈표 1〉로 제시한다.

표 1_ 흥미의 유형과 관련 직업

유형	특성	관련 직업 분야
문화적 흥미	자기의 느낌이나 생각을 표현하는 일에 흥미 있음	소설가, 기자, 방송인
사회과학적 흥미	집단적, 정치적 활동에 흥미 있음	국회의원, 판사, 변호사, 외교관, 언론인
자연과학적 흥미	새로운 원리의 발견과 탐구에 흥미 있음	의사, 과학자, 연구원
기술적 흥미	각종 기계의 제작 및 수리에 흥미 있음	건축가, 기술자, 엔지니어링
전자적 흥미	전자공학 기술 분야에 흥미 있음	전자 기술자, 컴퓨터 관련직
상업적 흥미	기업의 경영과 운영에 흥미 있음	경영자, 금융인, 기업가
봉사적 흥미	사회복지사업, 교육, 종교 등에 흥미와 관심 있음	교사, 종교인, 사회사업가
사무적 흥미	사무적인 일이나 경리, 문서관리 등에 흥미 있음	사무원, 은행원, 공무원

체육적 흥미	운동이나 체육활동에 흥미 있음	운동선수, 경호원, 안전요원, 경기 심판
예술적 흥미	음악, 미술이나 예술활동에 흥미 있음	작곡가, 성악가, 화가, 평론가

〈출처 : 정석용·이규은, 2010, 『자기계발과 직업』, 서울 : 동문사, 75~76쪽〉

(2) 성격

성격은 유전적인 요인에 의해 천부적으로 만들어지지만, 성장과정에서 겪게 되는 가정생활, 사회생활, 교육, 특별한 경험 등 후천적 요인에 의해 변화하기도 한다. 선천적·후천적으로 형성된 성격은 직업선택과 활동에 많은 영향을 미치게 된다.

성격과 관심 직업 분야를 아래와 같이 〈표 2〉로 제시한다.

표 2 _ 성격의 유형과 관련 직업

유형	특성	관련 직업 분야
활동형	신체적 활동에 대한 선호, 공격적, 운동신경 발달, 언어적 인간관계 기술 부족, 추상적인 것보다 구체적인 것을 좋아함, 비사교적임	노동, 기계 조작, 비행사, 농부, 트럭 운전사 등
사려형	과업지향적, 문제를 깊이 생각함, 세계의 조직을 이해하려 함, 추상적인 것을 선호함	물리학자, 인류학자, 화학자, 수학자, 생물학자 등
사회형	남을 가르치거나 치료하는 것을 좋아함, 안정된 것을 좋아함, 언어적 인간관계 기술 풍부, 사회적 지향성	임상 심리학자, 상담자, 외교관, 교사, 목사
안정형	체계적, 언어적, 수리적 업무와 책임감이 부여된 업무를 정확하게 수행	출납원, 통계학자, 부기계원, 행정보조원, 우체국 서기 등
지배형	남을 지배하거나, 물건을 팔거나, 이끌기 위한 언어적 기술 탁월	자동차 판매원, 경매인, 정치가, 사회자, 판매원 등
예술형	간접적인 인간관계를 좋아함, 예술매체를 통해서 자기표현을 함으로써 세계의 문제를 다루는 것을 좋아함	시인, 소설가, 음악가, 조각가, 극작가, 작곡가, 연출가 등

〈출처 : 임두순, 2000, 『진로상담과 진로교육』, 서울: 원미사, 31쪽〉

(3) 가치관

가치관은 주로 성장하는 과정에서의 환경적 요인과 경험에 의해 형성되어, 선택적 상황에서 결정이나 행동으로 나타나는 신명으로 작용한다.

일반적으로 가치관의 유형으로는 내재적 가치관과 외재적 가치관으로 구분한다. 내재적 가치관이라 함은 어떤 행동이나 일을 하면서 얻게 되는 정신적인 즐거움이나 보람, 만족 등을 말하는 것으로 본질적인 목적이 이에 해당된다. 외재적 가치관은 본질적이라기보다는 목적적인 측면이 강한 것으로 돈이라든가 사회적 명예, 권력, 지위 등과 같이 밖으로 나타나는 실질적인 목적이 이에 해당된다(정석용, 2010 : 81).

성격과 관심 직업 분야를 아래와 같이 〈표 3〉으로 제시한다.

표 3 _ 가치관의 유형과 관련직업

유형	특성	관련 직업 분야
이론형	학문 연구과 진리 탐구를 위해 노력하는 형	교사, 평론가, 연구원, 학자, 교수
권력형	권력이나 정치에 의한 지배에 흥미를 가지는 형	정치가, 군인
심미형	음악, 미술 등 예술에 심취하고 흥미를 가지는 형	예술가, 화가, 미술가
경제형	돈 버는 것을 최고의 가치로 여기고 관심이 많은 형	사업가, 경영인, 상인
사회사업형	남을 사랑하고 봉사하는 일에 관심이 많은 형	교사, 종교인, 사회사업가
종교형	종교적 가치를 추구하는 형	목사, 승려, 신부

〈출처 : 정석용 · 이규은, 2010, 『자기계발과 직업』, 서울 : 동문사, 82쪽〉

(4) 지능

지능은 업무를 수행하고 문제를 해결하는 기본적 요인이기 때문에 직업을 선택하고 진입하는데 반영도가 높다.

적절한 검사에 의한 지능지수가 직업의 선택에서 갖는 비중은 크다고 할 수 있다. 왜냐하면, 직무를 수행하기 위해서는 그에 필요한 능력이 요구되는데, 이러한 능력을 잘 반영해 주는 것이 지능지수이다. 각종 직업에서의 지능검사 결과와 실무 성적과의 상관관계를 살펴보면 사무직, 서기직, 전문직 등에서는 매우 높은 관련성을 가지고 있다. 그렇다고 해서 지능이 높은 사람이 모든 직종에 꼭 적합한 것은 아니다(김기태, 2006 : 67).

지능이 높은 사람이 단순하고 반복되는 일에 종사할 때에는 쉽게 그 일에 싫증을 느끼고 오래 견디지를 못한다는 것이다. 특히, 창의적인 일에 관심이 많은 사람들의 경우에는 단조로운 일에서의 적응이 쉽지 않은 것으로 알려져 있다(정석용, 2010 : 78).

(5) 신체적 조건

신체적 조건은 정상적이고 건강한 사람이라 할지라도 직업을 선택하고 업무를 수행하는데 중요한 요인이다. 직종에 따라 특별한 신체조건을 가진 사람만이 수행할 수 있는 부문이 있기 때문이다.

신체적 장애가 직업 선택의 자유를 제한할 수는 없겠지만, 장애에 따라 부적합한 직업 분야를 아래와 같이 〈표 4〉로 제시한다.

표 4 _ 신체 조건과 진로

신체적 장애	부적당한 직업의 성질	부적당한 직업의 예
신체적 쇠약	강건한 체력을 요하는 직업	선박, 갑판원, 군인, 철물압연공, 주조공, 단야공, 광부, 토공, 농업 종사자, 운반 인부, 토목, 건축, 경찰, 기자
근시	충분한 시력을 요하는 직업	정밀 기계공, 교통 종사원, 활판·문선·식자공, 인쇄공, 인쇄 조각공, 금세공사, 사진 기술자 등

색맹	색체를 상세히 구별해야 하는 직업	화가, 장식 도안가, 의사, 교통 종업원, 염색공, 다색판 제판 인쇄공, 자수공, 미술 서예가, 약제사, 해양관계, 사관학교 등
난청	재해의 위험이 많은 작업이나 귀를 사용할 일이 많은 직업	음악가, 악기 조율사, 시계 수선공, 통신사, 안내계, 전화 교환수, 판매계, 교사, 간호사, 의사 등
발음 장애	유창한 연설을 요하는 직업	아나운서, 교사, 전화 교환수, 요리사, 영양사, 성악가, 판매원 및 서비스업 종사자
취각 장애	약품, 화장품, 요리 등에 관계가 있는 직업	약제사, 요리사, 화장품공, 식료계, 향료상, 향기에 관계있는 상품을 취급하는 판매세 등
폐질환	먼지를 마시게 되는 직업, 산이나 수증기 등을 고온 또는 저온 중에 취급하는 직업 및 식품 기호품을 제조하는 직업, 이와 같은 직업 분야에서 타인의 신체에 접촉하여 조력을 해주는 직업	연마공, 도금공, 부식판공, 방적공, 식료품 판매계, 요리사, 간호사, 교사, 의사 등
악취	몸에서 고약한 냄새, 악취 등이 풍기는 사람	대인 관계가 많은 분야, 판매직, 의사, 간호사, 외교관, 교사, 요리사, 집금원, 이용사 등
신경성 질환이 있는 사람	대인관계에 원만한 능력을 갖추어야 하는 직업	대인 관계를 갖는 직업, 경찰, 의사, 기자, 판매원
위장 장애의 체질이 있는 사람	침착하고 건강하며 정서적 안정이 필요한 직업	사무직 등 종일 책상에 앉아 일해야 되는 직업 분야
심장 질환이 있거나 심장이 약한 사람	담력이 강하고 모험을 요하는 직업, 위험 재해 많은 직업	야외에서 일하는 직업, 간호사, 의사, 소방관, 주물공, 석공, 군인, 목수, 미장이, 파일럿, 선원, 운전기사, 토목기사, 배달부 등
피부병	산과 기타 부식품에 접촉하여 기호품의 제조 또는 타인에 접촉하는 작업, 그 손으로 타인의 피부에 접촉하는 작업	화학공, 염색공, 피혁공 등

유수	가구나 음식물 취급의 직업, 땀이나 기름에 손상하기 쉬운 기계나 재료를 취급하는 직업	자수공, 재봉공, 직물상, 도안가 등
서투른 솜씨	수선의 기교를 요하는 작업 또는 양수를 요하는 작업	정밀기계공, 금세공, 인쇄공, 시계수리공, 편물사 등
각질(편평족 및 하지 혈관 경련을 포함)	직립을 요하는 작업이나 장도를 보행해야 할 직업	수금원, 사환, 매점원, 택배 배달원, 각종 배달부, 이용사, 기차 운전사, 식자공, 주조공 등
신체의 동작 불민첩	위험 장애가 많은 직업(연습의 결과 동작이 점차로 빨라지는 경우는 제외)	목수, 미장이, 육상직, 소방관, 자동차 운전수, 경마기사 등
간질	계단의 승강, 중량의 취급, 기계의 사용 또는 첨예한 것, 산화력 등을 취급하는 직업, 즉 대부분의 금속기계 공업, 중량품 취급 작업	기계운전공, 연통 소재부, 옥상직, 전선공 등
류마티스성 체질	육상 작업이나 물에 젖거나 또는 온도의 변화가 많은 직업	피혁공, 어부, 포목공, 선원, 세탁부, 염색공, 전철 운전수, 도금산 세공, 해조 채취부, 잠수부
탈장	중량물을 들거나 장벽을 긴장 또는 과중시키는 작업	운반공, 석공, 미장이, 단조공, 목수 등

〈출처 : 김충기, 2004, 『직업교육과 진로교육』, 파주 : 한국학술정보(주), 66~68쪽〉

2. 대학에서의 직업교육

1) 직업교육의 의의

현대 생활에서 직업이란 인간에게 필수적인 것이며 생활을 윤택하고 보람되게 해주는 삶의 기본으로 대부분의 사람들은 직업을 통해 자기의 목표와 이상을 실현하고 있다.

21세기 지식기반사회에서 국가의 경쟁력은 그 나라가 보유한 인적 자원의 수준에 달려있다. 지식을 창의적으로 습득하고 활용할 수 있는 유능한 인적자원을 얼마나 효율적으로 개발하고 활용하느냐에 따라 미래가 결정된다.

가속화되는 과학기술의 발달, 첨단 과학 분야의 발전, 직업세계의 다양화와 전문화, 민주사회에서의 개성과 개인차의 존중 등 변화하는 정보사회에 대응하기 위한 사전 준비교육이 요구된다.

학생들이 대학에서 교육을 받는 목적도 수준 높은 전문직 직업에 종사할 수 있는 능력 계발 수단으로 간주할 수 있으므로, 보다 좋은 직업에 종사하기 위해서는 다년간 전문지식이나 기술·능력을 습득해야 한다. 아울러 이러한 준비과정을 지도할 수 있도록 현명한 직업 선택을 위한 직업진로교육이 실시되어야 한다.

대학교육의 대중화로 인한 경쟁력 심화, 적성과는 무관한 무모한 학과 선택으로 인한 갈등 심화, 학문의 분화와 통합으로 늘어난 선택과목에 대한 선택의 어려움, 고등학교에서의 진로지도 부재, 대학의 인성 교육 부재, 대학 졸업생들의 극심한 취업난과 구직난은 진로지도의 필요성을 강력하게 요구하고 있다.

직업을 위한 진로지도는 개인으로 하여금 직업을 합리적으로 선택하도록 하는 적극적인 교육활동이므로 대학에서의 직업 진로지도는 저학년 때부터 체계적으로 이루어져야 하고 진로지도 전문가의 적극적인 참여와 조언이 필요하다.

2) 직업교육의 목적

직업을 가져야 되는 이유와 경제·사회 구조의 측면에서 직업의 세계를 이해하면서, 학생들 개인의 능력, 인성, 장·단점, 흥미 그리고 적성을 현실적으로 이해할 수 있도록 도와주며, 광범위한 교육 및 취업 기회에 관한 개방된 정보를 학생들에게 제공해 주어야 한다.

학생들이 자신에게 적합한 진로계획을 세우고, 진학 또는 직업에 필요한 지식·기능을 습득하게 한다. 학생들로 하여금 일과 직업에 대한 건전한 가치관과 태도를 형성하도록 교육하며 직업 선택을 신중히 하도록 도와주고, 직장 생활을 시작할 경우 발생할 수 있는 모든 상황을 이해하고 어려움을 극복할 수 있도록 훈련시킨다.

3) 직업교육의 방안

대학생을 위한 직업 및 진로교육은 정보화, 세계화 시대에서 전문직업인으로서 사회적 역할을 담당하고 자아실현을 성취하도록 도와주는 중요한 과업 중의 하나일 뿐만 아니라, 최근 대학의 학부제와 전공학점의 축소 및 선택과목의 증대 등으로 인해 그 필요성이 크게 대두되고 있다.

시대의 변천에 따라 대학의 기능이 학문 연구와 진리 탐구의 도장에서 전문적 직업인을 양성하는 직업대학으로 변해가고 있는데 이는 경제 성장률의 저하에 따른 직장의 감소와 경력자를 우대하는 기업채용 패턴의 변화에 기인한 취업률 악화가 하나의 요인이다.

대학에서의 직업진로교육은 학생들의 흥미, 적성, 능력, 성격, 신체적 조건, 가치관, 가정과 주위환경 등을 고려하여, 해당 전공분야에 알맞은 각종 취업정보활동을 전개하여 자신의 직업진로를 현명하게 선택·준비할 수 있는 기틀을 마련해 주어야 한다.

(1) 교양교육 과정을 통한 실천방안

- 직업진로교육이 정규교육과정에 반영되기 위한 교과목 개발
- 학생 개인들에게 자신의 직업과 관련된 목표를 설정하고 이를 분석,
  종합, 평가할 수 있는 능력을 길러주어 올바른 직업을 선택할 수 있
  도록 조언
- 자아발견과 직업의 세계에 대한 탐색
- 가치관의 확립 및 원활한 인간관계의 수립
- 직업의 사회·경제적 측면 이해
- 의사결정 능력의 함양
- 건전한 직업관과 직업윤리의 실현 등 직업세계에 대한 충분한 이해
- 변화하는 시대와 세계사적 흐름을 간파할 수 있는 안목의 필요성
- 급속도로 변화하는 사회에 능동적으로 대처할 수 있는 판단력 요구

(2) 전공교육 과정을 통한 실천방안

- 다양한 전공교육을 통하여 그 분야의 전문인력을 양성함이 대학 교
  육의 중요한 기능
- 전문가가 되는 길은 전공 학습 연마의 결과를 직업생활을 통하여
  실천하는 과정
- 전공 교과목 강의를 통하여 해당 전공의 직업진로 방향과 내용에
  대한 구체적인 정보와 준비사항 등을 중심으로 직업진로 교육 프로
  그램을 만들어 1학년 때부터 훈련시킴
- 직업 세계를 전체적으로 조망할 수 있고 전체적인 틀 속에서 자신
  의 전공과 관련된 직종의 파악과 선택가능한 직종의 장래 전망을
  설명

(3) 현장실습 과정을 통한 실천방안

- 최근 산학협동의 필요성은 교육기관, 산업체, 국가 모두의 관점에서 강조되고 있으나 여러 참여자의 준비 미흡 등 여건이 성숙되지 않아 실천은 미미함
- 현재와 같은 대학교육 여건 하에서는 산업 사회가 요구하는 인력을 충족시키기 대단히 어려우며, 졸업생들의 실무능력과 산업사회가 요구하는 능력과는 많은 차이가 있음
- 대학 졸업생들의 취업기회를 확대하기 위한 대학과 산업체간의 산학협동을 통한 효율적인 인력양성시스템 구축이 시급히 요구됨
- 학교와 지역 사회가 연계되어 이루어지는 현장 중심의 교육의 필요성
- 학생들에게 재학시 실무능력을 습득할 수 있는 기회를 제공
- 지역 사회에 있는 은행, 박물관, 회사, 공사장, 공장, 병원, 관청 등의 각 정부기관이나 사회단체 또는 기업체의 각종 현장에서 실무능력을 경험하고 학점도 획득 할 수 있는 방안 마련

(4) 진로정보체계의 구축을 통한 실천방안

현대 사회는 정보화 사회이다. 개인이나 기업의 성패 그리고 국가의 존폐는 정확하고 유용한 정보를 신속하게 확보하고 그것을 어떻게 활용하느냐에 달려있다고 해도 과언이 아니다. 정보활동은 진로지도에서는 핵심적인 부분으로 진로교육과 진로지도의 성공 여부는 진로 정보를 얼마나 잘 구축하느냐에 달려있다.

일반적으로 정보활동은 크게 교육정보, 직업정보, 개인 사회적 정보 등으로 구분하는데 이 중 특히 교육정보와 직업정보에 관한 내용의 구축이 중요하다.

교육정보는 이수해야 할 교육과정, 특별과정, 입학요건과 학교생활에 관한 조건과 문제들을 포함하는 현재와 미래에 있을 수 있는 교육과 훈

련에 관한 타당하고 유용한 자료를 의미한다. 교육에 관한 정보에는 새로 입학한 학교에 관한 여러 가지 정보, 학생들이 선택한 여러 교과에 관한 정보, 장학금 및 기타 재정적 보조에 관한 정보, 다른 학교와 학과에 관한 정보 그리고 효과적인 학습방법에 관한 정보 등이 포함된다. 이러한 정보는 전공필수가 줄어들고 선택을 다양하게 하고 전과와 편·입학을 허용하는 현 교육체계에는 필수적이다.

이러한 정보는 인쇄매체는 물론이고 CD ROM titles, 모바일, Internet 등 다양한 형태로 구축해서 쉽게 활용할 수 있어야 하고 학교와 학교간, 학교와 다른 기관 간에 서로 연계가 되어야 그 효율성을 발휘 할 수 있다.

3. 대학에서의 직업준비

1) 직업목표 설정 및 추진

(1) 단계별 자기개발 계획 수립

일반적인 좋은 직업이라도 자신의 가치관, 적성, 흥미와 맞지 않거나 그 직업을 수행하기 위한 능력이 부족하다면 적절하지 않은 선택일 수밖에 없다.

다음 〈표 5〉에 나타난 바와 같이 목표설정―목표분석―자기분석―계획수립―목표달성의 순으로 체계적이고 적절한 계획수립과 추진이 이루어져야 한다. 또한 1차적으로 직업에 대한 목표에 달성하여 직업 세계로 진입한 후에는 부단한 강화를 통하여 안정적인 정착이 필요하다.

표 5 _ 단계별 자기개발 단계

STEP1 목표설정	가치관, 적성, 흥미, 능력에 맞는 직업관 및 목표정립
	자신의 가치관, 적성, 흥미, 능력 등을 고려하여 올바른 직업관을 형성하고 평생 동안 종사할 직업에 대하여 다양한 직업군에 대한 검토를 통해 정립한다.
STEP2 목표분석	철저한 목표 분석
	자신의 직업관과 목표에 가장 부합하는 직업에 요구되는 직무적성, 직무수행역량 등을 조사한다. 직업사전 및 각종 경력개발 서적, 기업의 직무조사표 등의 자료와 전문가의 조언을 받고 기업의 채용공고가 가득한 취업사이트를 통해 해당 직업에 요구되는 인재상을 가장 정확히 파악한다.
STEP3 자기분석	스스로를 분석하여 강·약점을 도출
	스스로를 분석한 결과 도출된 약점을 최소화하고 강점을 더욱 계발하여 경쟁력을 키우는 것이 자신감을 가지기에 좋다. 단시간 내에 효과적으로 경쟁력으로 키울 핵심역량을 선정하여 강화한다.
STEP4 계획수립	도출된 핵심역량에 따라 목표 세분화와 실행전략, 시기 결정
	가능한 목표에 대한 상세 실현방안을 시기에 맞게 구체적으로 작성하고 실천해 나갈 계획을 수립한다.
STEP5 목표달성	체계적인 추진으로 목표달성
	목표를 효과적으로 달성하기 위해 구체적 계획에 따라 체계적으로 추진해 나간다.
STEP6 역량발전	취업목표 도달 후 직업세계에서의 능력 강화
	취업목표 도달 후 생애교육 차원에서 종사하고 있는 직업 세계에서의 능력을 강화한다.

표 6 _ 대학에서 단계별 자기개발 계획서 작성(예시)

구분	시기	전공수업	자격	경험	취업마케팅
1학년	1학기	교육과 교육공학 소프트웨어개발 기초	워드프로세스 1급	동아리 가입	다양한 활동 (학생회, 동아리) 개인포트폴리오 제작(제작 방향 마련)
	하계 방학	사회학의 이해 인간심리의 이해	컴퓨터 활용능력	아르바이트 (진로 관련 분야)	
	2학기	행동과학인지과학개론	사무자동화 1급	선배가 일하는 직장 방문	
	동계 방학	소프트웨어개발 기초 경영학의 이해		여행	

학년	학기				
2학년	1학기	수업체제 설계 테크놀로지와 교육 창의적 사고와 개발 구어영어 1(영교)	이러닝지도사 2급	수업설계 모형 작성	비전과 목표 수립 비전 : 10년 후 모습 목표 : SMART하게 구체적(Specific) 측정가능 (Measurable) 달성가능 (Achievable) 현실적(Realistic) 시간에 기초하여 (Time-based)
	하계 방학		생활체육지도사 3급	취업캠프, 공모전 준비	
	2학기	동기이론과 수업설계 요구 및 수행분석 교수 이론과 모형	MOS MASTER	타 교육공학 견학	
	동계 방학	구어영어 2(영교) 인적자원관리(경영) 조직행동론(경영)	복수전공 선택 (영어 OR 경영)	MBTI, Holland 검사	
3학년	1학기	이러닝설계와 운영 인간사원개발론 기업교육론	인적사원관리사	전문교육원 견학	자신과 취업환경을 면밀하게 분석 강점강화, 약점보완 환경분석 : 3C 나(Me-Company) 내 고객 (Company)과 경쟁 자(Competitor)
	하계 방학			글로벌 챌린저 체험(미국 교육공학 견학)	
	2학기	교육프로그램 평가 기업교육프로그램 개발		공모전 준비 수상	
	동계 방학	프로젝트 관리 및 평가	TOEIC 900	인턴(기업 인재개발원)	
4학년	1학기	리더십과 의사소통 기술 교육체제 설계	HE EXPERT	취업 동아리 활동	나를 상품이라고 생 각하고 자기 자신을 소비자인 기업에게 어떻게 효과적으로 어필할지 계획 수립 제품 : 나의 상품적 특징과 매력 유통경로 : 어디에 어떻게 취업할 것인 가? 판촉 : 홍보전략 가격 : 현실적인 희 망연봉 선정
	하계 방학	경영혁신론(경영) 경영분석(경영)		아르바이트 (진로관련 분야)	
	2학기	평생교육과 HRD 교육공학 세미나 기업윤리(경영)	포트폴리오 완성	선배가 일하는 직장 방문	
	동계 방학	최종 목표 : P사 인재개발원 취업 성공			

(2) 커리어 로드맵 및 진로(취업) 상담

스스로가 희망하는 성공적인 인생을 살기 위해서는 자기 탐색에서부터 직업 활동 시기에 이르기까지 커리어 로드맵에 따라 단계별로 잘 추진해 나가는 것이 중요하다.

자기탐색—직업정보수집—의사결정—직무역량강화—구직활동—직업
활동 단계를 거치게 되며, 구직활동 단계까지는 직업 활동을 위한 탐색
및 준비과정을 거쳐 직업활동을 하게 된다.
　직업활동을 하는 동안에는 생애교육 차원에서 계획을 수립하여 경력
및 직업능력을 개발해야 한다.

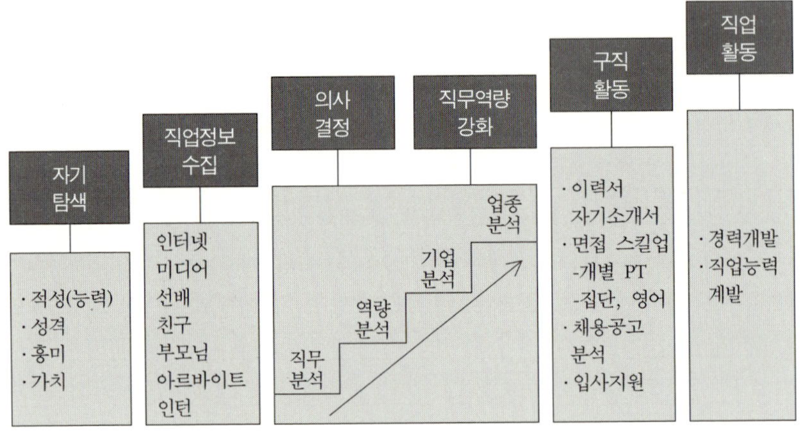

그림 1 _ 단계별 로드맵 (그림 구성 : 이대용)

　또한 아래 〈그림 2〉에 나타난 단계별로 진로지도전문가, 선배 등으로
부터 상담을 받는 등 체계적 준비가 필요하다.

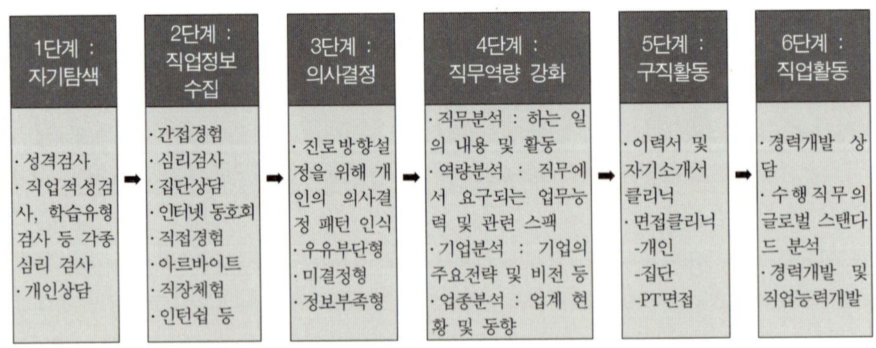

그림 2 _ 단계별 상담 및 준비 체계 (그림 구성 : 이대용)

(3) 전공에 부합하는 진로선택

졸업 후 구체적 진로 결정을 한 학생들의 진로 결정 분야는 다음 〈표 7〉과 같이 전체적으로 '전공하고 있는 분야의 기업'이 103명(56.3%)으로 가장 많았다.

소재지별에 따라 수도권과 지방 학생 모두 '전공하고 있는 분야의 기업'이 각각 54.2%와 57.7%로 가장 많았고, '국가고시 등 시험을 통한 분야'가 그 다음으로 많았다.

전공계열에 따라 모든 계열의 학생들이 '전공하고 있는 분야의 기업'이라고 응답한 학생들이 가장 많았고, 그 다음으로 인문, 자연, 예체능 계열의 학생들은 '전공 관련 관심 대상 분야'라는 학생들이 많았으나, 사회, 공과계열 학생들은 '국가고시 등 시험을 통한 분야'라고 응답한 학생들이 많았다. 학년과 성별에 따라서는 모두 '전공하고 있는 분야의 기업'이라고 응답한 학생들이 가장 많았다.

표 7 _ 졸업 후 구체적 진로결정 분야

변인별	내용별	전공하고 있는 분야의 기업 N	%	국가고시 등 시험을 통한 분야 N	%	자격증을 취득하여 관련 분야 N	%	전공 관련 관심 대상 분야 N	%	X^2 (p)
소재지별	수도권	39	54.2	13	18.1	9	12.5	11	15.3	5.311 (.150)
	지방	64	57.7	23	20.7	4	3.6	20	18.0	
전공 계열별	인문계열	18	40.9	8	18.2	3	6.8	15	34.1	23.000 (.028*)
	사회계열	28	52.8	14	26.4	5	9.4	6	11.3	
	자연계열	18	52.9	6	17.6	3	8.8	7	20.6	
	공과계열	32	72.7	8	18.2	2	4.5	2	4.5	
	예체능계열	7	87.5	0	0	0	0	1	12.5	
학년별	3학년	46	63.0	15	20.5	2	2.7	10	13.7	5.197 (.158)
	4학년	56	51.4	21	19.3	11	10.1	21	19.3	
성별	남학생	61	61.0	22	22.0	5	5.0	12	12.0	6.028 (.110)
	여학생	42	50.6	14	16.9	8	9.6	19	22.9	
전체(N=183)		103	56.3	36	19.7	13	7.1	31	16.9	

〈자료 출처 : 류동희, 2008, 「대학의 진로교육 운영실태와 개선방안」, 강릉원주대학교 교육대학원 석사학위논문〉

이 결과로 보면 진로를 결정한 대학생들의 구체적 진로결정 분야는 전체적으로 '전공하고 있는 분야의 기업'과 전공관련 관심대상 분야가 73.2%로, 한국교육개발원 통계자료를 보면 아래 〈표 8〉과 같이 전공일치 취업률은 의약계열 88.6%, 예체능계열 75.2%, 공학계열 71.8%, 자연계열 71.1%, 사회계열 60.7%, 인문계열 44.5%로 평균 71.%로 유사하게 나타나있다.

이는 전공교육이 중요한 것으로 분석되는 것으로 전공과 다른 취업처를 원하거나, 취업을 한 대학생들로 인하여 조기 취업이나 취업 만족도 부족의 원인으로 볼 수 있다.

따라서 대학에서 전공과 일치된 취업은 중요한 영역으로 판단되며, 조기에 직업 목표를 설정하여 전공과 일치가 되지 않을 경우에는 전과 또는 부전공, 복수전공 제도 등을 활용하는 방안이 강구되어야 한다.

표 8 _ 학과(전공)별 전공일치 취업률   (기준 : 2009년)

구분	전공일치 취업자수	전공 일치도
인문계열	2,907	44.5
사회계열	30,226	60.7
교육계열	7,877	89.3
공학계열	26,720	71.8
자연계열	8,029	71.1
의약계열	19,190	88.6
예체능계열	20,513	75.2
총계	115,462	71.0

〈자료 출처 : 한국교육개발원, 2010, 교통통계(취업통계)〉

표 9 _ 학과(전공)별 전공일치 취업률　　　　　(기준 : 2009년)

구분	순위	전공소분류명	전공일치도	구분	순위	전공소분류명	전공일치도
높은순	1	간호	98.9	낮은순	1	사회 · 자연교육	0.0
	2	농수산	96.6		2	재료	38.7
	3	특수교육	91.6		3	중국어	39.3
	4	유아교육	89.4		4	일본어	39.8
	5	광학 · 에너지	88.4		5	영어	43.1
	6	미술	88.2		6	문화	44.5
	7	뷰티아트	86.6		7	의류 · 의상	49.7
	8	보건	83.1		8	법	50.0
	9	의료장비	82.1		9	환경	50.2
	10	재활	81.6		10	가족 · 사회 · 복지	50.6
	11	기계	81.5		11	조형	52.1
	12	금융 · 회계 · 세무	81.4		12	인문일반	52.4
	13	의무행정	80.4		13	문예창작	54.4
	14	조경	80.4		14	섬유	55.1
	15	제어계측	80.2		15	금속	55.8
	16	음향	80.1		16	유럽 · 기타어	57.9
	17	기전공학	79.9		17	문헌정보	58.6
	18	신소재	79.4		18	교양어	59.1
	19	토목	79.1		19	관광	60.1
	20	연극 · 영화	78.9		20	자원	61.0
	21	음악	78.4		21	무역 · 유통	61.1
	22	건축 · 설비	77.9		22	정보 · 통신	61.3
	23	전기	77.7		23	시각디자인	61.9
	24	해양	77.3		24	행정	62.3
	25	지상교통	77.1		25	응용소프트웨어	63.2
	26	산업공학	76.7		26	반도체 · 세라믹	63.6
	27	사진 · 만화	75.2		27	전산 · 컴퓨터	63.7
	28	건설	74.9		28	체육	66.4
	29	항공	74.2		29	원예	66.5
	30	식품 · 조리	73.5		30	경영 · 경제	66.8

〈자료 출처 : 한국교육개발원, 2010, 교통통계(취업통계)〉

2) 직업수행 주요 요인

(1) 인성 함양

사회나 기업에서는 "올바른 인성과 우수한 역량을 갖춘 인재"를 원한다. 우선 순위를 둔다면 대다수가 인성을 앞에 두고 있다. 인재를 바라볼 때 가장 중요하다고 생각하는 자질이 올바른 품성·태도 및 공동체 의식이라는 점이다. 아무리 역량이 우수하더라도 조직의 문화에 적응하지 못하고 공동체 질서에 부정적인 영향을 미친다면 쓸모없는 나아가 조직 발전을 저해하는 인재로 전락하기도 한다.

영어에서 B(태어남, Birth)와 D(돌아감, Death) 사이에 C가 있다. C를 사람은 살아가는 동안 끊임없는 선택의 연속이기 때문에 선택(Choice)으로 정의하기도 하지만, 오히려 사람의 삶은 관계(Connection)의 연속성이 강하다. 이 관계를 올바르게 만들 수 있는 가장 기본적인 요인이 인성이다.

인성은 어느 정도는 타고난 성품에 의해 형성되어 끊임없는 자기 성찰과 노력에 의해 후천적으로 개선될 수 있지만, 단기간 내에 형성되기는 어렵기 때문에 평소에 바른 마음가짐을 가지고 태도로 나타내야 한다.

대학 생활을 시작하면 새로운 환경 속에서 다양한 사람들을 접하게 되는데 원만만 인간관계를 형성하면 생활 자체가 행복스럽고 평생을 통해 서로 도움을 주고받을 수 있는 관계로 발전할 수 있다.

모든 현상들을 긍정적으로 인식하면서 미래지향적인 사고 속에서 밝고 명랑하게 생활하면서, 인생 자체가 변화하는 가운데 주위로부터 신뢰를 받으면서 자연스러운 리더십이 형성된다.

노력을 통해 인성 함양을 한다는 것은 다소 무리가 있을 수도 있겠지만, 평소에 다음 몇 가지를 생활하는 습관이 필요하다.

- 다른 사람들에게 신뢰감을 줄 수 있도록 말과 행동을 한다.
- 먼저 마음을 열고 다른 사람을 대한다.
- 작은 일이라도 소중히 여기고 정성껏 수행한다.
- 공동의 이익을 추구한다.
- 약속을 잘 지켜야 한다.
- 자주 안부를 전하고 만나야 한다.
- 받은 것에 대해 보답을 해야 한다.
- 자기만의 매력적 요소를 마련한다.
- 다른 사람들을 구체적으로 칭찬한다.
- 먼저 양보하고 다른 사람들을 배려한다.

(2) 적성에 부합하는 목표 설정 및 관리

기업에서는 적성에 맞는 인재를 채용하기 위하여 많은 노력과 새로운 검사도구 개발에 주력하고 있다. 아무리 유능한 인재라도 하고 있는 직업이 적성에 맞지 않다면 생산성이 저하되고, 이직에 대한 가능성 탐색으로 인하여 업무 몰입도가 떨어지기 때문이다.

적성은 특별한 훈련과 연습보다는 조기에 각종 적성검사와 전문가 상담을 통하여 계발시켜나가야 한다.

활동형, 사려형, 사회형, 안정형, 지배형, 예술형 등으로 구분할 수 있으며, 각 유형별로 적합한 직업들을 탐색하여 학교교육을 받는 동안 관련 분야에 대한 지식을 함양하고, 경험을 축적해 나가야 한다.

활동형에 적합한 사람이 시인이나 소설가를 선호한다면 어느 정도 이상의 발전을 이루기가 어렵고, 반면 예술형에 적합한 사람이 과학이나 통계업무에 종사한다면 역시 역량을 발휘하기가 어렵다.

(3) 학점 관리

대학의 가장 주된 기능은 교육이다. 잘 가르쳐야 하고, 잘 배워야 하는 것은 의무이다.

대학은 변화하는 시대에 능동적인 대처를 할 수 있는 최신학문과 첨단문화를 가르치는 배움의 광장이다. 그러므로 열린 사고와 진보적인 태도로 실천적인 행동을 하려고 한다면 얼마든지 미래에 대하여 비전을 갖게 될 것이다(김승목, 2007 : 49).

아래 〈표 10〉에 제시된 바와 같이 대학생들이 고등학교 과정과의 학습 방법 차이에 쉽게 적응하기 어려운 점도 있으나, 대학에서는 학습목표를 설정하고 자율적인 계획을 수립하여 실행해 나가야 한다.

표 10 _ 대학과 고등학교와의 학습 차이

구분	고등학교	대학교
목적	건전한 생활인으로서 기초적 소양과 자질을 완성하고, 민주시민으로서 교양을 함양	학생들에게 보다 전문적인 지식과 지도자적 교양을 함양
내용	일반 수준의 지식, 즉 기초적이고 단편적인 지식을 강조	보다 전문적인 지식 즉 고차원적이고 심도 깊은 체계적인 지식을 강조
방법	기초지식의 습득과 대학 입시에 효과적으로 대처하기 위하여 주로 주입식 방법이 사용됨	전문지식의 습득뿐만 아니라 습득한 지식의 확장 및 활용을 위해서 연구방법을 이해하고 다른 연구를 계획하고 실시하며 분야에 따라서는 현장실습에도 참여함

〈자료 출처 : 김승목, 2007, 『대학생활과 취업준비』, 서울 : 두남출판사, 50쪽〉

기업으로 진출할 때 일정 수준 이상의 학점만 요구한다는 인식 때문에 자칫 학점을 소홀히 하는 경향이 있으나, 학점은 기본적으로 대학생활의 성실도를 판단하는 가장 중요한 근거로 중요도가 매우 높다. 어학, 자격증 등은 단기간에 향상 또는 취득할 수 있겠지만 학점은 1학년 때부터 관리가 되지 않으면 고학년 때 단기적인 노력으로 높이기가 거의 어렵다.

학점관리를 잘하기 위해서는 1학년 때부터 구체적인 수강 계획을 수립하고, 교수의 강의지침에 따르며 성실하게 강의에 참여하고 반드시 교재를 기본으로 참고자료를 활용하여 공부한다면 큰 어려움 없이 목표를 달성할 수 있다.

학습방법에는 개인별 학습법이 있겠지만 일반적으로 개관(Survey), 질문(Question), 읽기(Read), 암기(Recite), 재음미(Review)의 SQ3R법칙을 활용하는 것이 좋다.

(4) 경력 관리

기업에서는 채용과정에서 지원자의 과거 경력을 통하여 인성, 자질, 미래의 발전 가능성을 판단하게 되므로 다양하면서도 앞으로 수행할 직무와 부합하는 경력을 축적해야 한다.

인성과 공동체 의식을 판단하게 되는 봉사활동, 동아리참여 실적, 업무수행 능력을 판단하게 되는 인턴, 직장체험, 동아리활동, 도전정신과 창의력을 판단하게 되는 프로젝트 참여, 공모전 참여, 어학연수 등과 같은 주된 요소들을 체계적으로 관리하여야 한다.

기업에서는 경력직 같은 신입사원을 원한다. 기업에 채용이 되면 기본적으로 OJT(On the job training) 과정을 거치게 되지만, 최단 시간 훈련을 통하여 현장에서 능숙하게 업무를 수행할 수 있는 인재를 원한다.

(5) 자격증 취득

자격증은 특별한 분야에 대한 개개인의 능력을 가장 용이하게 평가할 수 있다. 능력을 검증하기 위해서는 다소 시간이 걸리지만, 객관화된 검정과정을 거친 권위 있는 자격증은 적기에 실력을 판단할 인정받을 수 있는 요소이다.

현재 우리나라에는 아래 〈표 11〉에 나타난 바와 같이 국가자격 707 개, 민간자격 900여 개 등 많은 자격증이 있지만, 가장 중요한 것은 많은 수 보다는 전공과 직무와 관련된 정예화된 자격증 취득이 필수적이다. 자격증 종류는 부록으로 첨부하였다.

표 11 _ 우리나라 자격제도체계

구분		개수	예시	관련법	시행주체
국가 자격	국가기술자격	564	기능사, 산업기사, 기사 등	국가 기술 자격법	국가 혹은 민간 위탁 (한국산업인력공단, 대한상공회의소)
	기타 국가자격	143	변호사, 의사 등	개별법령	
민간 자격	공인민간자격	62	신용관리사, PC 정비사 등	자격 기본법	우수 민간자격에 대해 국가 공식 인정
	민간자격	800여개	결혼상담사, 증권분석사 등	자격 기본법	민간부문에서 자율 시행
	사업내자격	54	고객상담사 등	고용 보험법	사업체 근로자의 특정기술 습득을 위하여 사업체 내 시행

〈자료 출처 : 한국고용정보원, 2009, 국가기술자격의 노동시장 성과와 정책과제〉

자격증 취득 목적을 보면 아래 〈표 12〉에 나타난 바와 같이 취업을 하기 위한 것이 거의 과반수에 달하고 있어서 취업에 필수 요건임을 보여주고 있다.

표 12 _ 자격증의 취득 목적　　　　　　　　(단위 : 명, %)

구분	전체	성별		자격시 취업여부		
		남자	여자	취업자	비취업자	학생
취업하기 위하여	48.2	51.1	41.1	23.0	51.8	64.1
현재 업무를 잘 수행하려고	16.4	17.3	14.2	33.9	6.4	9.0

승진 승급에 유리하기 때문에	2.5	2.7	2.1	5.7	0.8	1.2
자기계발을 위해	24.2	22.8	27.5	27.0	23.5	22.5
창업을 위해	2.5	1.1	5.7	3.3	5.2	0.6
새로운 직장을 구하기 위해	4.9	4.0	7.3	6.0	11.6	1.0
기타	1.3	1.0	2.1	1.1	0.8	1.7
총계	1,138	807	331	366	251	521
	100.0	100.0	100.0	100.0	100.0	100.0

기업의 입장에서도 자격증 취득 효과가 아래 〈표 13〉에 나타난 바와 같이 인력 채용시 비용절감이 40.8%에 이르고 있어, 단기간에 효과적으로 지원자의 능력을 검증하기 위한 목적임을 보여주고 있다.

표 13 _ 자격 취득의 효과　　　　　　　　　(단위 : %)

효과 분야	효과정도			
	있음	보통	없음	모르겠음
인력채용시 비용절감	40.8	38.2	17.3	3.7
인사관리제도의 효율성 확보	11.2	37.2	15.8	2.8
근로자의 자기계발 촉진	59.5	27.6	9.1	3.8
근로자의 성취감 및 자긍심 고취	60.2	25.7	8.8	5.3
개인기술능력의 지표 역할	58.5	28.3	8.7	4.5

〈자료 출처 : 한국고용정보원, 2009, 국가기술자격의 노동시장 성과와 정책과제〉

자격증 취득 당시 신분도 아래 〈표 14〉에 나타난 바와 같이 학생 때가 45.8%로 나타나고 있어서 취업을 위한 준비는 물론이고, 자격증 취득을 위한 가장 적정한 시기임을 보여주고 있다.

표 14 _ 자격취득 당시 신분　　　　　　　　(단위 : 명, %)

인원 구분	전체	성별	
		남자	여자
정규직 근로자	22.1	21.7	23.0
비정규직 근로자	9.3	8.7	10.9

고용주	0.2	0.2	-
자영업자	0.6	0.9	-
실직 및 구직자	17.8	15.1	24.5
학생	45.8	49.7	36.3
전업주부	1.2	-	4.2
전경 및 군복무	0.8	1.1	-
기타	2.2	2.6	1.2
총계	1,138	807	331
	100.0	100.0	100.0

〈자료 출처 : 한국고용정보원, 2009, 국가기술자격의 노동시장 성과와 정책과제〉

(6) 외국어 공부

글로벌 시대가 도래하면서 외국어 구사는 모든 분야에서 필수 요건화 되었다. 공인 외국어 점수도 중요하지만, 최근에는 실용언어 중심으로 의사소통 가능성을 평가하는 경향으로 바뀌고 있기 때문에 목적별로 사전에 학습내용을 분석하는 등 철저한 대비가 필요하다.

주요 공인 외국어 검정 종류는 아래와 같다.

표 15 _ 공인 외국어 검정 종류

구분	외국어 종류	검정기준	시행기관
영어	TOEFL	iBT : 0~120점 PBT : 310~677점	한미교육위원단
	TOEIC	만점 990점	한국 TOEIC위원회
	TOEIC speaking	Level 1~8	한국 TOEIC위원회
	OPIc	NL, NM, NH, IL, IM, IH, AL 등급	credu
	TEFS	990점	TEPS사업본부(서울대)
	G-TELP	수준별 1~5등급	G-TELP 한국위원회
	FLEX	9개등급(1A~3C)	대한상공회의소 검정사업단 한국외국어대학 FLEX센터

	JPT	만점 990점	(재) 국제교류진흥회
일본어	JLPT	만점 400점	주한일본대사관 공보문화원 일본어능력사무국
	FLEX	9개등급(1A~3C)	대한상공회의소 검정사업단 한국외국어대학 FLEX센터
중국어	HSK	개정전 1급~11급 개정후(2010.3.14) 3급~6급	한국 HKS사무국
	FLEX	9개등급(1A~3C)	대한상공회의소 검정사업단 한국외국어대학 FLEX센터
불어	DLEF(일반불어능력)	영역별(1급 4개영역, 2급 2개영역)로 모두 합격해야 해당 등급 증서 발급	서울 앙리앙즈프랑세즈
	DALF(고급불어능력)	4개 영역 모두 합격해야 증서 발급	
	FLEX	9개등급(1A~3C)	대한상공회의소 검정사업단 한국외국어대학 FLEX센터
독일어	ZD(기초학력증명)	2,000단어 정도의 어휘력, 기초적인 문법지식, 일상회화실력 인정	서울 괴테 인스티튜트
	ZMP(중급시험)	일상적인 의사소통 가능수준 (일부 독일 대학들의 입학허가 기준)	
	KDS, GDS	독일 체류경험 등이 필요한 난이도가 높음	
	FLEX	9개등급(1A~3C)	대한상공회의소 검정사업단 한국외국어대학 FLEX센터
스페인어	FLEX	9개등급(1A~3C)	대한상공회의소 검정사업단 한국외국어대학 FLEX센터

(7) 기타

대학에 다니는 기간은 인생에 있어서 체력적·정신적으로 가장 왕성한 시기이다. 다양한 분야에서 경험과 지식을 자유롭게 취득할 수 있는 기간이므로 자기만의 경력 축적을 위한 특기활동, 여행 등을 통하여 자기만의 특별한 경력관리를 할 수 있다.

대학 시절에 취미로 하던 활동들이 전문화 과정을 거쳐 직업의 영역으로 발전될 수 요인은 얼마든지 열려 있다.

조기에 인생과 직업에 대한 목표를 설정하고 이에 걸맞는 경험들을 대학시절에 축적한다면 직업세계로의 성공적인 진입은 물론 인생을 좀 더 풍요롭게 살 수 있는 바탕이 될 것이다.

3) 취업 성공 전략

세상의 모든 일과 마찬가지로 직업의 세계에서 성공하기 위해서는 다양한 요소가 필요하지만, 직업전문가로 소양을 갖추고 물 흐르듯이 업무를 수행할 수 있는 역량이 필요하다. 일반적인 사회적 흐름을 바탕으로 핵심 내용을 정리하여 보고자 한다.

(1) 빠른 시작

"시작이 반이다." 직업에 대한 막연한 환상을 버리고, 직업에 대한 올바른 가치관 속에서 체계적으로 관련 자료를 수집하여 가능한 빨리 준비를 해야 한다. 혼자 선택하고 결정하는 것보다는 부모님, 교수, 선배, 친구 등의 자문을 얻어 시행착오를 줄이고 좀 더 빨리 용이하게 목표를 달성할 수 있도록 한다.

현대 사회는 급변하는 정보화 사회이므로 관련 분야의 최신 지식 습득을 위하여 전문서적은 물론 신문이나 관련 분야의 정기 간행물도 꼼

꼼하게 챙겨보는 습성을 길러야 한다.

(2) 직업전문인이 되기 위한 준비

"전문가의 길은 행복의 길이다." 직업에 대한 편견과 다른 사람들을 의식하지 않고 자신이 설정한 분야에 대해 로드맵을 만들어 전문가가 되기 위한 훈련을 거듭한다. 자기 비전과 암시 속에서 관심 분야의 전문지식을 넓히고 전문가가 된 것처럼 행동한다.

전문가의 영역에는 인격이 포함되어 있다. 항시 예의바르고 좋은 이미지를 만들어 필요시에 도움을 받을 수 있는 사람들을 많이 만들어야 한다.

(3) 철저한 자기 분석

"나를 아는 지혜는 세상과 통한다." 냉정한 자기 분석을 통해 열정적으로 투자할 가치가 있는 가능성을 발견해야 한다. 멘토를 만들거나 커리어 코치의 도움을 받으며 실전 경험을 만들어 스스로를 영웅으로 만들어야 한다.

(4) 경력 축적

"경험은 최고의 스승이다." 예비 직업전문인으로 관련 직업과 관련된 분야에 가능한 한 많은 체험을 해야 한다.

관련 분야에서 아르바이트, 인턴, 임시 일용직 등으로 일을 해보아야 한다. 특히 방학을 적극 활용하여 봉사 활동도 하고, 여행도 다녀야 한다.

(5) 최고가 되기 위한 훈련

"못 오를 고지는 없다." 열심히 하는 것보다 더 능률을 올려주는 것은

즐기는 것이다. 실패를 두려워하지 않는 가운데 가능성을 향해 즐기면
서 도전해야 한다. 다양한 분야에 대해 무한하게 식견을 넓혀가면서 주
전공 분야는 물론 주변 분야에 까지 지평을 확대할 수 있어야 최고가
될 수 있다.

(6) 기회 만들기

"필연적인 기회를 만들어라." 자신만의 브래그북(Brag Book, 자신만
의 자랑거리나 업적을 정리한 책)을 만들어 가며, 스스로 기회를 만들며
가능성의 문을 열어나가야 한다. 인터넷 여행과 취업 박람회 등을 찾아
다니고 숨어 있는 채용 기회를 스스로 발굴해 가면서 실패를 경험으로
여기고 세상을 변화시키는 일에 동참해야 한다.

(7) 이력서와 자기소개서 포장

"상품의 가치는 포장에 의해 더욱 빛이 난다." 내용 없는 포장은 허세
스럽지만, 가지고 있는 역량을 잘 표현하고, 그 재료를 부지런히 만들어
야 한다. 다양한 취미 생활과 육체적인 한계에 도전하기도 하고, 무대에
올라 모노드라마를 공연하는 기분으로 자신을 어필해야 한다. 좋은 공
연을 관람하고 명화를 감상하면서 감성의식도 길러야 한다.

(8) 면접 대비

"인간의 마음은 인간이 움직인다." 면접은 자신의 진정한 가치를 드
러낼 수 있는 기회이지만 철저한 준비가 필요하다. 면접관의 마음을 움
직일 수 있는 가장 큰 요인은 인상과 태도이다. 사전에 해당 기업과 직
무에 대한 철저한 분석이 선행된 상태에서 솔직하면서 담대하게 자신을
보여줄 수 있는 용기와 비전을 보여주어야 한다.

(9) 전문적 자기 홍보

"현대는 자기 PR의 시대이다." 취업 관련 행사나 각종 모임에 적극 참여하여 열심히 말하고 들으며, 가슴 속에 품고 있는 열정과 능력을 과감하게 드러내어 인정을 받는 가운데 인맥을 만들고 지속적으로 관리해야 한다.

이 과정을 통해 상생 리더십을 형성하여 서로를 격려하고 도움을 주고받을 수 있는 관계를 형성해야 한다.

대학생활 알차게 하는 법

'지금 알고 있는 것을 신입생 때 알았더라면 더 성공적이고 행복한 대학생활을 할 수 있었을 텐데 …' 하버드 대학 케네디 행정대학원의 리처드 라이트(Richard Light · 통계학) 교수가 15년간 하버드 대학생 1,600여 명을 인터뷰, 이들의 체험 어린 충고를 모은 '대학생활 알차게 하는 법(Making the most of college)'이라는 책을 펴냈다.

대학생활을 알차게 할 수 있도록 라이트 교수는 다음과 같은 충고를 한다.

❖ 시간관리를 철저히 하라

학업성적과 과외활동 모든 면에서 성공적인 학생과 그렇지 못한 학생을 두 그룹으로 나누어 조사한 결과, 가장 큰 차이는 시간관리 능력의 차이다.

❖ 스터디 그룹을 짜서 공부하라

교수만 바라보지 말고 동료학생들에게서 배워라. 가장 효율적인 방법은 4~6명으로 구성된 스터디 그룹을 만드는 것이다.

❖ 교수와 친해지라

진로상담에서 교수는 제1순위 조언자다. 교수의 충고 한마디가 인생을 바꿀 수도 있다.

❖ 외국어를 공부하라

시간도 많이 들고, 귀찮은 과목이 외국어다. 그러나 고생은 짧고 보상은 평생 간다.

❖ 과제물 많이 내주는 강의를 택하라

한 학기에 시험 한 번 보고 끝나는 과목은 피해라. 대신 자주 시험을 보고 수시로 과제를 내주는 교수의 과목을 들어라.

❖ 글쓰기에 주력하라

4년 동안 가장 신경 쓰는 분야가 바로 글쓰기다. 교수의 지도는 물론, 동료 학생들의 조언도 구해라.

❖ 과외활동을 열심히 하라

학교강의 외에 적어도 한 가지 활동에 열심히 공을 들여라. 시간제 업무도 좋고 자원봉사와 취미생활도 좋다.

❖ 전공과 무관한 강의를 들으라

의무적으로 들어야 하는 과목에 시달리다 보면 대학생활이 지겨워진다. 전공이 다른, 학생 수가 적은 강의를 하나쯤 들어보라.

〈출처 : 김승목, 2007, 『대학생활과 취업준비』, 서울 : 두남출판사, 50쪽〉

제3장
대학에서 전문직업인 육성 기반

대학들은 해방 이후 급격히 양적 팽창에 주력하는 과정을 거치면서 각 대학들은 고유한 특성을 찾아내기 어려운 유사한 형태로 발전되어 왔다. 국·공립과 사립의 설립주체를 가릴 것 없이 유사한 학과, 비슷한 교과과정으로 운영되었다. 운영 조직도 국립대학은 2001년 9월 자율화되기 이전까지는 조직설치에 관한 관련 법령[1])에 의하여 일률적으로 적용되어 획일적으로 조직이 설치·운영되어 왔다. 사립대학들도 자체 규정에 의하여 조직을 설치하였으나, 국립대학들과 유사한 형태로 운영되어 외부 환경변화에 능동적으로 대처하지 못했다.

2000년대 이후 대학들은 시대적 여건 변화에 따라 관리형 조직에서 사업형 조직으로 변화를 모색하면서, 업무 비중이 높아진 기획, 홍보,

---

1) 국립학교 설치령, 서울대학교설치령, 한국교원대학교설치령, 한국방송통신대학교 설치령.

대외협력, 산학협력, 입시, 취업, 평생교육 등을 감안한 조직의 분화 및 통폐합이 이루어졌다.

특히 학생들의 진로지원과 평생교육에 대한 중요성에 대한 인식의 증대에 따라 정규 교육과정의 내실화 기반 마련과 진로지원·평생교육을 담당하는 부서의 위상과 기능이 강화되어 전문인 육성을 위한 기반이 조성되게 되었다.

1. 정규교육 과정 충실화 기반

대학에서는 전문직업인 육성을 위한 정규교육 과정의 충실화를 위하여 전공학습에 필요한 기본소양 및 능력은 물론 사회에 나아가기 위해 필요로 하는 취업기초역량과 공동체 의식·올바른 인성을 갖출 수 있도록 다양한 교과과정을 운영하고 있다. 특히 산업체와의 협의를 통한 산학연계 과목도 다수 개설하고 있다.

이를 효율적으로 수행하기 위하여 교육과정연구협의회 및 교육과정개편위원회 등을 구성하여 교육과정 연구를 실시하고, 공청회를 실시하고 학내 최고 의결기구 등의 심의를 거쳐 교육과정을 확정하고 있다.

교육과정의 내실화를 위하여 교육개발센터 등 전담부서를 설치하고, 전담교원을 채용하여 교육과정을 관리토록 하였으며, 교과목별로 수업내용을 통일하기 위해 교육내용개발위원회를 구성하는 등 전문인 양성 기반을 구축하고 있다.

2. 진로지원 기반

1) 진로지원 부서 현황

대학생들의 직업능력을 강화하기 위해서 대학의 진로지원부서, 정보화부서, 외국어교육부서, 단과대학별 기구 등 여러 기구들이 협력하고 있지만 가장 주된 기능은 진로교육 부서가 수행하고 있다.

진로교육 부서도 학생처 소속 장학담당부서에서 장학업무에 부가적으로 진로지원 업무를 담당하다가 점차 독립적인 형태로 조직 개편이 이루어졌다.

현재 전국 4년제 대학의 진로지원을 위한 운영 조직은 한국고용정보원에서 조사한 결과 아래 〈표 1〉에 나타난 바와 같이 전문성과 독립성이 중시되어 다양한 형태로 운영되고 있다.

총장 또는 부총장 직속의 독립기구로 운영되는 경우에는 본부급, 원(센터)급, 실(팀)급으로 구분하여 다양한 명칭이 사용되고 있다.

비독립 기구로 운영되는 경우에는 진로교육을 관장하는 처 소속으로 대학에 따라 일부는 교무처로 하고 있으나 대부분 학생처 소속으로 되어 있으며, 일부 대학에서는 진로교육 기능을 중시하여 처 명칭을 입학취업처, 취업학생처, 교학처로 하고 있다.

대학들은 기구 내에서는 학생경력개발, 취업지원, 상담부서로 분리하여 운영하고 있다

표 1 _ 전국대학 진로지원 조직 현황

구분	키워드	응답자수(명)	세부명칭
교무처 (10)	기타	5	취업매직센터(2), 경력개발센터(3)
	무응답	5	
학생처 (135)	인력/인적 자원개발	16	종합인력개발원, 종합인력개발센터, 인력개발센터, 인적자원개발처, 인적자원개발센터
	취업지원	48	취업지원과(센터/팀/부), 취업정보센터(실), 취업보도과, 취업진로팀, 취업장학과, 장학취업팀, 취업과, 취업계, 취업창업지원센터, 취업경영개발센터
	경력개발	19	경력개발센터(팀), 취업경력개발센터, 학생경력개발실, 학생경력개발처, 학생경력개발센터
	진로	9	(학생)진로개발센터, 진로지원팀, 진로교육지원센터, 진로지원실
	학생지원	4	학생지원팀, 학생생활지원센터, 학생과, 학생지원처
	기타	6	능력개발팀, 사회진출지원실, 생애개발지원실
	무응답	36	
독립기관 (부설 및 부속기관) (102)	인력/인적 자원개발	50	종합인력개발원(센터), 인재개발원, 인력개발원, 인재양성팀, 학생종합인력개발센터, 인적자원개발본부, 인력개발지원팀, 인적자원개발센터, 호삼인재개발원
	취업지원 /진로	30	취업지원센터(본부/실/팀), 취업지원진로센터, 취업진로지원처(팀), 창업취업지원센터, 학생취업지원센터, 취업정보센터, 취업상담지원센터, 취업진로개발원, 취업능력개발원
	경력개발	10	경력개발센터, 취업경력개발원, 학생경력개발원, 취업경력개발처
	기타	1	사회진출센터
	무응답	11	
기타 (45)	인력/인적 자원개발	9	종합인력개발센터, 인력개발처, 인력개발실, 인적자원개발처, 인적자원개발센터, 종합인력개발원
	취업지원	23	취업지원팀(센터/처), 취업창업센터, 취업전략본부, 취업정보처, 취업처, 취업지원실
	경력개발	4	경력개발팀, 학생경력개발센터
	기타	5	입학취업처, 취업학생처, 교학처
	무응답	4	

〈자료 출처 : 한국고용정보원, 2010, 대학교 직업진로지도 실태조사〉

국·공립대학의 진로지원을 위한 운영 조직도 아래 〈표 2〉에 나타난 바와 같이 전문성과 독립성이 중시되어 처 소속보다는 총장 직속 원(센터)급으로 운영되고 있으며, 명칭은 종합인력개발원이 11곳으로 가장 많이 사용되고 있다.

표 2_ 전국 국·공립대학교 진로교육 조직 현황

구분	대학명	명칭	소재지
국립	서울대학교	경력개발센터	서울특별시
	한국방송통신대학교	학생처 학생과	서울특별시
	한국체육대학교	종합인력개발센터	서울특별시
	부경대학교	종합인력개발원	부산광역시
	부산대학교	종합인력개발원	부산광역시
	한국해양대학교	종합인력개발원	부산광역시
	경북대학교	학생처 학생과 진로지원실	대구광역시
	전남대학교	학생지원처 취업지원과	광주광역시
	충남대학교	인력개발원	대전광역시
	강릉원주대학교	종합인력개발원	강원도
	강원대학교	종합인력개발원	강원도
	충북대학교	종합인력개발원	충청북도
	충주대학교	인력개발원	충청북도
	한국교원대학교	학생처 임용취업지원센터	충청북도
	공주대학교	종합인력개발원	충청남도
	군산대학교	종합인력개발원	전라북도
	전북대학교	종합인력개발원	전라북도
	목포대학교	종합인력개발원	전라남도
	목포해양대학교	학생지원처 취업담당관	전라남도
	순천대학교	종합인력개발센터	전라남도
	금오공과대학교	취업정보센터	경상북도
	안동대학교	학생처 인력개발본부	경상북도
	경상대학교	인재개발원	경상남도
	창원대학교	종합인력개발원	경상남도
	제주대학교	취업전략본부	제주특별자치도

공립	서울시립대학교	학생처 학생과 취업경력개발팀	서울특별시
	인천대학교	인재개발원	인천광역시

한국고용정보원이 조사한 편제유형별 개편 의견을 보면 아래 〈표 3〉
과 같이 독립된 본부 행정부서로 설치 중인 대학은 현행 유지가 55.8%
로 가장 높으며, 상위부서로의 개편 의견은 독립된 본부 행정부서가
32.8%, 본부 행정부서이며 진로/취업이외에 다른 업무도 병행하는 부
서는 29.7%, 독립된 부속기관은 28.1%로 나타나고 있어 상위 부서로의
위상 강화 및 부서장의 교무위원급 격상 등으로 취업 기능의 강화를 바
라고 있다.

표 3 _ 편제 유형에 따른 편제 개편 의견

유형 / 비율			편제유형					전체
			독립된 본부 행정 부서	본부 행정부서이며 진로/취업이 외에 다른 업무도 병행	독립된 부속기관	독립된 부속기관의 산하기관	기타	
개편 의견	상위 조직으로 편제	빈도	42	38	36	8	4	128
		개편의견 중 %	32.8%	29.7%	28.1%	6.3%	3.1%	100.0%
		전체 %	14.3%	12.9%	12.2%	2.7%	1.4%	43.5%
	하위 조직으로 편제	빈도	0	5	1	0	0	6
		개편의견 중 %	0.0%	83.3%	16.7%	0.0%	0.0%	100.0%
		전체 %	0.0%	1.7%	0.3%	0.0%	0.0%	2.0%
	다른 부서로 배치	빈도	0	5	1	0	1	7
		개편의견 중 %	0.0%	71.47%	14.3%	0.0%	14.3%	100.0%
		전체 %	0.0%	1.7%	0.3%	0.0%	0.3%	2.4%
	현행유지	빈도	72	20	30	1	6	129
		개편의견 중 %	55.8%	15.5%	23.3%	0.8%	4.7%	100.0%
		전체 %	24.5%	6.8%	10.2%	0.3%	2.0%	43.9%
	기타	빈도	5	11	5	0	3	24
		개편의견 중 %	20.8%	45.8%	20.8%	0.0%	12.5%	100.0%
		전체 %	1.7%	3.7%	1.7%	0.0%	1.0%	8.2%
전체		빈도	119	79	73	9	14	294
		개편의견 중 %	40.5%	26.9%	24.8%	3.1%	4.8%	100.0%
		전체 %	40.5%	26.9%	24.8%	3.1%	4.8%	100.0%

〈자료 출처 : 한국고용정보원, 2010, 대학교 직업진로지도 실태조사〉

2) 진로지원 인력 현황

한국고용정보원의 조사에 의한 재학생 규모별 직원 수는 〈표 4〉와 같이, 재학생 1,000명 미만은 1~3명, 1,000명 이상~3,000명 미만은 1~3명, 3,000명 이상~5,000명 미만은 4~6명, 5,000명 이상~10,000명 미만은 4~6명, 10,000명 이상은 7~10명으로 나타나 있다.

표 4 _ 재학생 규모별 취업담당 직원수

담당직원수 \ 재학생규모		재학생규모					전체
		1,000명 미만	1,000명 이상 ~ 3,000명 미만	3,000명 이상 ~ 5,000명 미만	5,000명 이상 ~ 10,000명 미만	10,000명 이상	
1~ 3명	빈도	6	22	8	23	3	62
	취업담당직원수 중 %	9.7%	35.5%	12.9%	37.1%	4.8%	100.0%
	전체 %	2.6%	9.4%	3.4%	9.9%	1.3%	26.6%
4~ 6명	빈도	0	3	10	47	36	96
	취업담당직원수 중 %	0.0%	3.1%	10.4%	49.0%	37.5%	100.0%
	전체 %	0.0%	1.3%	4.3%	20.2%	15.5%	41.2%
7~ 10명	빈도	0	0	1	22	29	52
	취업담당직원수 중 %	0.0%	0.0%	1.9%	42.3%	55.8%	100.0%
	전체 %	0.0%	0.0%	0.4%	9.4%	12.5%	22.3%
11~ 15명	빈도	0	0	0	0	15	15
	취업담당직원수 중 %	0.0%	0.0%	0.0%	0.0%	100.0%	100.0%
	전체 %	0.0%	0.0%	0.0%	0.0%	6.4%	6.4%
16~ 20명	빈도	0	0	0	0	2	2
	취업담당직원수 중 %	0.0%	0.0%	0.0%	0.0%	100.0%	100.0%
	전체 %	0.0%	0.0%	0.0%	0.0%	0.9%	0.9%
21명 이상	빈도	0	2	0	0	4	6
	취업담당직원수 중 %	0.0%	33.3%	0.0%	0.0%	66.7%	100.0%
	전체 %	0.0%	0.9%	0.0%	0.0%	1.7%	2.6%
전체	빈도	6	27	19	92	89	233
	취업담당직원수 중 %	2.6%	11.6%	8.2%	39.5%	38.2%	100.0%
	전체 %	2.6%	11.6%	8.2%	39.5%	38.2%	100.0%

〈자료 출처 : 한국고용정보원, 2010, 대학교 직업진로지도 실태조사〉

한국고용정보원의 조사에 의한 재학생 규모별 취업지원부서 적정 직원수는 〈표 5〉와 같이, 재학생 1,000명 미만은 1~3명, 1,000명 이상~

3,000명 미만은 1~3명, 3,000명 이상~5,000명 미만은 4~6명, 5,000명 이상~10,000명 미만은 4~6명, 10,000명 이상은 7~10명으로 나타나 있어, 재학생 대비 취업지원부서 인원수는 적정한 것으로 보인다.

표 5 _ 재학생 규모에 따른 취업지원부서 적정 인원 수

담당직원수		재학생규모	재학생 규모					전체
			1,000명 미만	1,000명 이상 ~ 3,000명 미만	3,000명 이상 ~ 5,000명 미만	5,000명 이상 ~ 10,000명 미만	10,000명 이상	
취업 지원 적정 직원수	1~3명	빈도	13	18	3	5	1	40
		재학생 규모 중 %	100.00%	54.55%	15.00%	5.05%	1.03%	15.27%
		전체 %	4.96%	6.87%	1.15%	1.91%	0.38%	15.27%
	4~6명	빈도	0	12	15	50	33	110
		재학생 규모 중 %	0.00%	36.36%	75.00%	50.51%	34.02%	41.98%
		전체 %	0.00%	4.58%	5.73%	19.08%	12.60%	41.98%
	7~10명	빈도	0	3	1	39	36	79
		재학생 규모 중 %	0.00%	9.09%	5.00%	39.39%	37.11%	30.15%
		전체 %	0.00%	1.15%	0.38%	14.89%	13.74%	30.15%
	11~15명	빈도	0	0	0	3	13	16
		재학생 규모 중 %	0.00%	0.00%	0.00%	3.03%	13.40%	6.11%
		전체 %	0.00%	0.00%	0.00%	1.15%	4.96%	6.11%
	16~20명	빈도	0	0	0	0	6	6
		재학생 규모 중 %	0.00%	0.00%	0.00%	0.00%	6.19%	2.29%
		전체 %	0.00%	0.00%	0.00%	0.00%	2.29%	2.29%
		취업지원 적정 직원수 중 %	0%	0%	9.09%	18.18%	72.73%	100.00%
		재학생 규모 중 %	0.00%	0.00%	5.00%	2.02%	8.25%	4.20%
		전체 %	0.00%	0.00%	0.38%	0.76%	3.05%	4.20%
전체		빈도	13	33	20	99	97	262
		재학생 규모 중 %	100.00%	100.00%	100.00%	100.00%	100.00%	100.00%
		전체 %	4.96%	12.60%	7.63%	37.79%	37.02%	100.00%

〈자료 출처 : 한국고용정보원, 2010, 대학교 직업진로지도 실태조사〉

한국고용정보원의 조사에 의한 취업담당 직원수에 따른 계약직 비중은 〈표 6〉과 같이, 취업담당직원수 1~3명인 경우는 10% 미만, 10% 이상~30% 미만, 7~10명은 30% 이상~50% 미만, 11~15명은 10% 이상~30% 미만, 16~20명은 30% 이상~50% 미만, 21명 이상은 10%에서 50% 이상으로 분포되어 있어, 전반적으로 취업담당부서에는 계약직 비중이

높게 나타나고 있다.

표 6 _ 취업담당 직원수에 따른 계약직 비중

비율 \ 인원			취업담당 직원수						전체
			1~3명	4~6명	7~10명	11~15명	16~20명	21명 이상	
계약직 비중	10% 미만	빈도	30	18	3	3	0	2	56
		취업담당직원수중 %	46.2%	17.3%	5.6%	20.0%	0.0%	33.3%	22.8%
		전체 %	12.2%	7.3%	1.2%	1.2%	0.0%	0.8%	22.8%
	10% 이상 ~ 30% 미만	빈도	0	37	21	5	0	2	65
		취업담당직원수중 %	0.0%	35.6%	38.9%	33.3%	0.0%	33.3%	26.4%
		전체 %	0.0%	15.0%	8.5%	2.0%	0.0%	0.8%	26.4%
	30% 이상 ~ 50% 미만	빈도	15	25	20	3	2	0	65
		취업담당직원수중 %	23.1%	24.0%	37.0%	20.0%	100.0%	0.0%	26.4%
		전체 %	6.1%	10.2%	8.1%	1.2%	0.8%	0.0%	26.4%
	50% 이상 ~ 100% 미만	빈도	15	23	10	4	0	2	54
		취업담당직원수중 %	23.1%	22.1%	18.5%	26.7%	0.0%	33.3%	22.0%
		전체 %	6.1%	9.4%	4.1%	1.6%	0.0%	0.8%	22.0%
	100% 이상 ~ 200% 미만	빈도	5	0	0	0	0	0	5
		취업담당직원수중 %	7.7%	0.0%	0.0%	0.0%	0.0%	0.0%	2.0%
		전체 %	2.0%	0.0%	0.0%	0.0%	0.0%	0.0%	2.0%
	200% 이상	빈도	0	1	0	0	0	0	1
		취업담당직원수중 %	0.0%	1.0%	0.0%	0.0%	0.0%	0.0%	0.4%
		전체 %	0.0%	0.4%	0.0%	0.0%	0.0%	0.0%	0.4%
전체		빈도	65	104	54	15	2	6	246
		취업담당직원수중 %	100.0%	100.0%	100.0%	100.0%	100.0%	100.0%	100.0%
		전체 %	26.4%	42.3%	22.0%	6.1%	0.8%	2.4%	100.0%

〈자료 출치 : 한국고용정보원, 2010, 대학교 직업진로지도 실대조사〉

3. 평생교육 기반

　대학의 평생교육원은 대학의 사회봉사 기능 발휘, 지역주민에 대한 평생교육 기회 부여, 평생 교육을 통한 국가 사회 발전에 기여함을 목적으로 설립·운영되고 있다. 대학의 평생교육원은 일반교양교육과정, 산학협동교육과정, 직업능력개발과정, 정부지원(노동부, 보건복지가족부) 교육과정 및 외국어교육과정 등을 개설하여 지역주민들과 영리 및 비영리 단체 소속직원들에게 평생 교육의 기회를 제공해 줌으로써 지역사회와 국가 발전에 공헌하고 있다.

우리나라 대학의 평생교육은 계명대학교에서 1970년에 대학의 교수(敎授)와 연구(硏究)는 대학사회 뿐만 아니라 대학이 속해 있는 사회와 직결되어야 한다는 취지 하에 시민교육위원회를 설치하고 대구시와 협력하여 1971년 1월 6일 시민교육사업의 하나로 제1기 주부시민대학강좌가 개설되었는데 이 주부시민대학강좌가 대학에 평생교육원이 태동하게 된 시발이었다. 이 대학에서는 전문적인 사회교육을 위하여 1973년 11월 1일에 '지역사회연구소'가 설치되었고 1981년, '사회교육연구소'로 개칭되었다가 1984년, '사회교육원'으로 승격, 발전하여 본격적인 사회교육의 장을 열게 되었으며, 2000년 12월 1일에 그 명칭을 '평생교육원'으로 변경하여 현재에 이르고 있다.

평생교육원으로 개설된 최초의 대학은 이화여자대학교로 학교교육을 마친 후에도 지속적으로 훈련받고 연구하려는 여성들에게 평생교육의 터전을 제공하기 위하여 1984년 3월에 설립되었다.

이 대학교에서는 더 많은 사람에게 배움과 연구의 기회를 확대하여 급증하는 지식과 기술을 습득하게 하고 끊임없이 변화하는 사회에 적응하게 하며 충족한 삶을 영위하게 하고, 더 나아가서는 사회의 발전에 크게 이바지할 수 있도록 하기 위해 다음과 같은 교육 프로그램을 마련하여 실시하고 있다.

첫째, 지적 수준을 높이기 위한 교육 프로그램으로 전문교육과정, 최고전문가 교육과정, 교양교육과정을 실시하고 있다. 둘째, 직업인의 취업 수준을 향상시키고, 여성의 사회 참여를 높이기 위한 프로그램으로 직업준비 교육과정(자격증과정), 위탁교육과정, 기타 필요한 직업교육

프로그램을 실시하고 있다. 셋째, 지역사회 개선을 위한 봉사적 교육 프로그램으로 직장여성 교양 프로그램, 노인을 대상으로 하는 프로그램, 청소년을 대상으로 하는 프로그램, 재외한국인 프로그램, 상담활동 프로그램, 기타 필요한 봉사 프로그램을 실시 또는 계획하고 있다.

이후 전국대학 및 전문대학 380교에 평생교육원이 설치·운영되고 있다.

1) 대학(원) 부설 평생교육 현황

(1) 기관현황

대학(원) 부설 평생교육기관은 380개 대학에 설치되어 있으며, 기능별로는 직업능력훈련 지정기관수 69개, 학점은행제 운영기관수 228개, 입시관련 시설수 45개 기관으로 활성화되어 있다.

구체적 현황은 아래 〈표 7〉과 같다.

표 7 _ 대학(원) 부설 평생교육 기관 현황　　(기준 : 2009년)

구분	기관수	직업능력훈련 지정기관수	학점은행제 운영기관수	입시관련 시설수
전문대학	127	26	93	20
교육대학	11	-	-	-
대학	183	32	111	18
방송통신대학	1	-	-	-
산업대학	11	2	4	1
기술대학	-	-	-	-
각종학교	1	-	-	1
원격 및 사이버대학	13	2	-	-
사내대학	-	-	-	-
기능대학	7	6	4	3

대학원대학	23	1	13	1
전공대학	3	-	3	1
총계	380	69	228	45

〈자료 출처 : 한국교육개발원, 2010, 교육통계(평생통계)〉

(2) 프로그램 및 학습자 현황

대학(원) 부설 평생교육기관에서 운영 중인 프로그램은 1개월 이상 과정이 전체 24,037개의 95.4%인 22,940개에 이르고 있으며, 학습자수는 여성 학습자가 전체 학습자 758,586명의 63.3%인 479,891명을 차지하고 있다.

구체적 현황은 아래 〈표 8〉과 같다.

표 8 _ 대학(원) 부설 평생교육 기관 프로그램 및 학습자 현황

(기준 : 2009년)

구분	프로그램수			학습자수		
	1개월미만	1개월이상	계	남	여	계
전문대학	107	4,715	4,822	60,226	117,301	177,527
교육대학	-	214	214	1,369	5,318	6,687
대학	250	16,571	16,821	192,598	325,984	518,582
방송통신대학	1	9	10	620	2,364	2,984
산업대학	1	394	395	7,667	11,290	18,957
기술대학	-	-	-	-	-	-
각종학교	3	3	6	90	130	220
원격 및 사이버대학	8	146	154	3,756	3,464	7,220
사내대학	-	-	-	-	-	-
기능대학	727	160	887	4,688	1,440	6,128
대학원대학	717	-		7,529	12,484	20,013
전공대학	11	-		152	116	268
총계	1,097	22,940	24,037	278,695	479,891	758,586

〈자료 출처 : 한국교육개발원, 2010, 교육통계(평생통계)〉

(3) 교·강사 현황

대학(원) 부설 평생교육기관의 교·강사수는 전체적으로는 여자 강
사가 총 강사수 12,496명의 54%인 6,747이며, 1년 이상 근무가 59.1%
인 7,391명으로 전문화 기반을 갖춘 것으로 보인다.

구체적 현황은 아래 〈표 9〉와 같다.

표 9 _ 대학(원) 부설 평생교육 기관 교강사 현황   (기준 : 2009년)

구분	교·강사수								
	1년미만 근무강사			1년이상 근무강사			계		
	남	여	계	남	여	계	남	여	계
전문대학	537	755	1,292	692	693	1,385	1,229	1,448	2,677
교육대학	25	35	60	66	68	134	91	103	194
대학	1,497	1,814	3,311	2,459	2,979	5,438	3,956	4,793	8,749
방송통신대학	23	21	44	19	16	35	42	37	79
산업대학	38	50	88	69	76	145	107	126	233
기술대학	-	-	-	-	-	-	-	-	-
각종학교	7	3	10	7	2	9	14	5	19
원격 및 사이버대학	5	17	22	16	32	48	21	49	70
사내대학	-	-	-	-	-	-	-	-	-
기능대학	32	9	41	34	22	56	66	31	97
대학원대학	128	103	231	94	47	141	222	150	372
전공대학	1	5	6	-	-	-	1	5	6
총계	2293	2,812	5,105	3456	3,935	7,391	5,749	6,747	12,496

〈자료 출처 : 한국교육개발원, 2010, 교육통계(평생통계)〉

(4) 사무직원 현황

대학(원) 부설 평생교육기관의 사무직원수는 남자가 총 1,718명 중
58.3%인 1,002명에 이르고, 평생교육사 자격증 소지자는 16.4%인 281
명에 불과하여 운영에 있어서 전문성 강화가 필요하다.

구체적 현황은 다음 〈표 10〉과 같다.

표 10 _ 대학(원) 부설 평생교육 기관 사무직원 현황 (기준 : 2009년)

구분	사무직원수			평생교육사 자격증 소지자수		
	남	여	계	남	여	계
전문대학	311	198	509	48	24	72
교육대학	20	13	33	1	2	3
대학	550	408	958	63	101	164
방송통신대학	2	7	9	1	4	5
산업대학	29	16	45	4	2	6
기술대학	-	-	-	-	-	-
각종학교	1	1	2	0	1	1
원격 및 사이버대학	24	21	45	4	5	9
사내대학	-	-	-	-	-	-
기능대학	13	12	25	1	2	3
대학원대학	47	33	80	7	8	15
전공대학	5	7	12	1	2	3
총계	1002	716	1,718	130	151	281

〈자료 출처 : 한국교육개발원, 2010, 교육통계(평생통계)〉

2) 대학부설 평생교육원 설치 현황

대학부설 평생교육원 협의회는 국·공립대학(교)을 중심으로 구성된 한국국공립대학교평생교육원협의회와 사립대학(교)을 중심으로 구성된 한국대학평생교육원협의회로 운영되고 있다.

한국국공립대학교평생교육원협의회는 1996년 전국국(공)립대사회(평생)교육원협의회로 창립되어, 2000년 한국국공립대학평생교육원협의회로 변경되고, 2002년 사단법인으로 설립이 인가되었고, 2000년부터 민간자격증을 발급하고 있으며, 44개(분교 포함) 회원교로 구성되어 있다.

한국대학평생교육원협의회는 1989년 한국대학사회교육협회로 창립되어, 2000년 한국대학평생교육협회로 변경되고, 2001년 사단법인으로 설립이 인가되었고, 2010년 (사)한국국공립대학평생교육원협의회와 통합하였고, 2001년부터 민간자격증을 발급하고 있으며, 130개(분교포함) 회원교로 구성되어 있다.

이 협의회에서는 대학평생교육정책에 관한 연구, 조사 및 건의, 정보교환, 민간 자격증 과정운영 및 자격증 발급, 교육과정 및 교수방법의 연구개발과 보급, 교재개발 및 각종 자료의 발간, 평생교육 자료와 교육도서의 출판 및 보급, 평생교육원 교·직원의 국내·외 연수업무 등을 담당하고 있다.

표 11 _ 한국국공립대학교평생교육원협의회 소속 대학 현황

(2010.10. 현재)

대학명	종목수	대학명	종목수	대학명	종목수
강릉원주대학교(강릉캠퍼스)	30	대구교육대학교	4	전북대학교	166
강릉원주대학교(원주캠퍼스)	8	목포대학교	89	전주교육대학교	4
강원대학교	19	부경대학교	89	제주교육대학교	26
강원대학교(삼척캠퍼스)	17	부산교육대학교	40	제주대학교	31
경남도립거창대학	17	부산대학교	103	진주교육대학교	1
경남도립남해대학	3	부산대학교(밀양캠퍼스)	13	경남과학기술대학교	55
경북대학교	37	서울교육대학교	22	창원대학교	48
경북대학교(상주캠퍼스)	9	서울과학기술대학교	3	충남대학교	127
경상대학교	97	서울시립대학교	5	충북대학교	44
경인교육대학교	15	순천대학교	45	충주대학교	16
경인교육대학교(경기캠퍼스)	1	안동대학교	18	충주대학교(증평캠퍼스)	2
공주대학교	43	인천대학교	43	한경대학교	9
광주교육대학교	17	인천전문대학	1	한국방송통신대학교	9
군산대학교	72	전남대학교	22	한밭대학교	44
금오공과대학교	29	전남대학교(여수캠퍼스)	94		

〈자료 출처 : (사)한국국공립대학교평생교육원협의회 홈페이지〉

표 12 _ 한국대학평생교육원협의회 소속 대학 현황 (2010.6. 현재)

대학명	대학명	대학명
가야대학교	동원대학	영남신학대학교
가톨릭대학교	동의대학교	영동대학교
가톨릭상지대학	동주대학	영산대학교
감리교신학대학교	루터대학교	영진전문대학
강남대학교	마산대학	예원예술대
거제대학	명신대학교	용인송담대학
건국대학교(충주)	명지대학교	우석대학교
건양대학교	명지전문대학	울산과학대학
경기대학교	목원대학교	울산대학교
경남대학교	목포과학대학	원광대학교
경동대학교	배재대학교	위덕대학교
경성대학교	배화여자대학	이화여자대학교
경운대학교	벽석문화대학	인덕대학
경희대학교	벽성대학	인제대학교
경희대학교(국제)	부산가톨릭대학교	인천가톨릭대학교
계명대학교	부산여자대학	인천대학교
계명문화대학	부산외국어대학교	인하대학교
계원디자인예술대학	부천대학	장로회신학대학교
관동대학교	상명대학교	전북과학대학
광주대학교	상지대학교	전주대학교
광주여자대학교	서강대학교	전주비전대학
국민대학교	서울사회복지대학원대학교	제주산업정보대학
그리스도대학교	서울신학대학교	제주한라대학
극동대학교	서울여자대학교	조선대학교
극동정보대학	서울장신대학교	중앙대학교(안성)
김해대학	서원대학교	진주보건대학
나사렛대학교	서해대학	창신대학
남서울대학교	선문대학교	창원전문대학
대구가톨릭대학교	성결대학교	청주대학교
대구공업대학	성산효대학원대학교	총신대학교
대구대학교	성신여자대학교	충청대학
대구산업정보대	송호대학	한국국제대학교

대구예술대학교	수원여자대학	한남대학교
대림대학	숙명여자대학교	한림대학교
대전대학교	순천향대학교	한림성심대
대진대학교	숭의여자대학	한서대학교
덕성여자대학교	신라대학교	한세대학교
동국대학교	신흥대학	한양대학교(안산)
동국대학교(경주)	아주대학교	한양여자대학
동남보건대학	안산1대학	한일장신대학교
동덕여자대학	안양대학교	호남대학교
동서울대	양산대학	호서대학교
동신대학교	연세대학교	
동양대학교	영남대학교	

〈자료 출처 : (사)한국대학평생교육원협의회, 2010, 『자격증 실무 편람』〉

제4장
대학에서의 직업전문인 육성을 위한 교육과정

대학에서 전문직업인 육성을 위한 생애교육

1. 정규 교육과정 운영의 다양화 및 내실화

대학에서 직업전문인 양성을 위하여 정규 교육과정을 취업과 연계하거나 산학협력 차원에서 많은 노력을 하고 있다.

이 글에서는 대학 교육과정 전반이 아닌 취업과 연계된 영역에 대해 기술해 보고자 한다.

1) 교양 교육과정의 다양화

교양교육은 합리적인 이성, 도덕적인 품성, 순화된 정서를 갖춘 인격을 형성하고, 공동체의 구성원으로서 민주적인 태도와 자아의 역할에 대한 이해를 증진하고, 지역, 국가 인류사회의 문화와 역사에 대하여 바르게 인식하고 이해하며, 전통문화의 계승 및 발전을 도모하고, 전문분야에 대한 체계적인 연구를 위한 도구적인 수단을 개발하고, 사회의 변화 추세에 능동적으로 대응하고, 타 분야와의 교류 증진을 위한 이해의 증진 등을 기본 목표로 하고 있다.

무엇보다도 학생들이 다양한 전공분야의 개념적인 지식을 습득하여 빠르게 변화하는 사회에서 능동적으로 대처할 수 있도록 교양과목의 다양화가 요구된다. 현대의 글로벌 사회 또는 문화는 대학교육에서 한 분야의 전문인(professional specialist)보다는 여러 분야의 지식을 포괄할 수 있는 전문적인 일반지식인(professional generalist)을 더 많이 요구하고 있다. 각 전공에서 전공이 다른 학생을 위한 교양과목을 개설하여 학생들이 다양한 전공분야의 개념적인 지식을 습득하게 하는 것이 필요하다. 현대는 첨단과학기술사회로서 지도자적 위치에서 폭넓은 사고를 가지고 활동하기 위해서는 이공계전공 졸업자가 아니더라도 과학기술에 관한 기본적인 개념을 확보하는 것이 필요하며 이공계 전공자도 인문사회 분야의 지식이 필요하다.

학과별 한 과목 이상의 교양과목을 개설하고 전임교수가 담당하며, 특별히 필요한 경우가 아니면 2학점 단위로 개설하여 교수와 학생의 부담을 경감하고 개설학과의 학생은 수강하지 않게 한다(단, 1학년생은 제외). 계절 학기에도 교양과목의 개설을 권장하여 선택의 폭을 확대하는 등의 방안이 있다.

자신의 전공 외에 다양한 전문분야의 개념적 지식과 교양을 습득하여 사고와 이해의 폭을 확장하고, 타 분야를 이해하고 배려하는 인격을 함양하여 유연하게 사회생활을 할 수 있는 기반이 필요하다. 빠르게 변화하는 사회에서 다른 분야 또는 새로운 업무에 대해 두려움 없이 신속하고 능동적으로 대처하고 뛰어난 업무처리능력과 인성을 소유하는 전인적 인격을 형성하여야 하겠다.

2) 전공 교육과정의 특성화

산업 현장에서 요구하는 실용성 높은 전공교육 강화를 통하여 미래사회 적응능력이 뛰어난 인재 양성을 위한 전공교육과정 편성 및 운영이 필요하다. 사회발전에 필요한 직업전문인을 육성한다는 관점에서 계열기초, 전공지정을 포함한 최소전공학점을 상향조정하여 전공교육을 강화할 필요가 있다. 학과(전공) 차원에서 사회적 실용성과 미래사회의 적응성을 높이기 위한 방법으로는 이에 상응하는 교과목 및 취업과 관련된 교과목을 확대 편성하는데 학과(전공) 특성상 어려움이 있을 수도 있다. 이 경우 기업이 대학에 원하는 인재 즉, 외국어 구사능력, 기획·문서 작성 능력, 프레젠테이션 능력, 커뮤니케이션 능력을 갖춘 인재를 배출한다는 방향 하에 가능한 한 전공교과목에서 외국어 교재를 사용하고, 수업방식을 세미나 형식으로 전환하며, 학생과의 토론을 중시하는 교수법으로 변화도 필요하다. 학생의 학습동기를 유발하기 위해 학과(전공)의 전공교육과정에 명확한 목표를 제시하고, 전공교육과 취업을 연계시킨 프로그램 개발이 선행되어야 한다.

학과(전공)의 특성에 따라 자율적으로 핵심 교과목들을 전공지정으로 지정하되, 복수전공, 부전공, 연계전공 제도 등과 상충을 최소화하기 위해 24학점 이내의 편성이 바람직하며, 전공선택 이수학점의 조정을 학과(전공)의 자율에 맡기되, 최소전공 학점의 상한을 고려하여 조정되어야 한다.

3) 복수전공, 부전공의 활성화

사회에서 요구하는 통합형 융합인재 양성을 위하여 복수전공, 부전공의 활성화가 필요하다. 복수전공, 부전공 등을 강제하기는 어렵지만 희망자들이 원활히 할 수 있도록 제도를 갖출 필요가 있다. 복수전공의 제약사항은 시간표 편성의 체계화 부족과 잦은 변동, 8개 학기에 이수해야한다는 것 등이며, 과거에는 월~목, 화~금에 수업을 편성하여 비교적 수업이 5일에 균등 분산되었으나, 주 5일제 도입 후 금요일은 사장되어가고 있는 추세이다.

시간표를 주 5일 균등히 편성하고 몇 년간은 같은 시간대에 고정시켜 수강 기회 확대, 계절학기 활성화로 정규학기의 수강 부담 완화, 정규학기 이외에 계절 학기에도 주요 과목을 편성하여 수강을 쉽게 하도록 하는 제도적 보완이 필요하다.

추진방법으로는 시간표 블록제 편성, 학생상대로 복수전공 요구분석, 계절 학기에 학과 당 2과목 이상(격년제) 편성 권장, 학생들의 선호도가 높은 학과(복수전공으로 선택되는 전공) 추가 개설, 계절학기 등록금 납부(3학점까지 무료, 초과분은 현재의 1/2~2/2), 전임교원의 책임시수를 학기별이 아닌 연간 단위로 계산 등이다.

학생들의 사회 적응 능력 배가, 주 4일 수업 집중으로 인한 학생들의 피로도 감소, 1년 내내 항상 활기찬 캠퍼스 조성 및 시설 활용 극대화를 가능하게 할 수 있다.

4) 연계전공의 활성화

다학제 교육 기회의 확대라는 시대적 추세에 부응하기 위해 새로운 연계전공 모델의 개발을 장려하지만, 심화전공과 상충되는 경우가 많으므로 무분별한 추가 신설을 방지하기 위한 체계적이고 엄격한 심의 절차의 수립과 적극적인 활성화가 필요하다.

표 1 _ 대학별 연계전공 실시 현황

대학명	이수 학점	연계 전공 수	비고
강원대학교	36	15개	동아시아학, 레저스포츠마케팅, 한국학, 환경관리, 환경친화물질, 디지털경제와 전자상거래, 인터넷정보기술, 생물정보학, 나노과학, 지구환경시스템, 농업전문경영, 산림과학, 공통사회, 공통과학
부경대학교	35	8개	공통과학교육, 한국어교육, 해양식량자원개발, 해양생산첨단산업, 중국학, 해양환경사회기반공학, 패션비즈니스, 해양바이오식의약
안동대학교	36	10개	기업법무학, 소비자학, 생활디자인, 재무금융학, 패션무역, 생물건강산업, 생물건강산업재료, 생물건강식품개발, 천연물실용화, 사회복지학
군산대학교	42	3개	유럽지역학, 문화학, 해양경찰학
순천대학교	42~46	2개	영미문화, 유전공학
충북대학교	36	2개	환경관리, 농업생명과학
전남대학교	33~36	13개	국제통상, 노사관계, 대기과학, 데이터마이팅, 문화유산학, 세무학, 시설경영, 유럽지역학, 인터넷소프트웨어, 농촌관광, 공통사회, 공통과학, 실용외국어

〈자료 출처 : 강릉원주대학교, 2008, 교육과정 개편 연구보고서〉

5) 현장실습 교육의 활성화

현장에서 요구하는 인재 양성을 위한 교육과정 편성 및 운영이 필요하다. 이론 위주의 교육으로 산업체에서 바로 활용이 어렵다는 지적에 따라 다양한 현장실습 교육의 활성화가 요구되고 있다.

현장실습 교육은 취업과 연계해서 운영하는 것이 기본 취지이나 수요처인 기업들의 경제적인 사정과 운영하는 학과들의 특성에 맞는 수요처 발굴 및 평가문제 등으로 인해 어려운 실정이다. 불특정 회사에서 현장실습을 하는 경우 실습 교육보다는 단순 노무 등의 일을 시키거나, 현장실습 교육을 지도하는 지도 사원이 필요하기 때문에 기업 입장에서는 추가 비용으로 생각하고 기피하는 경우가 많다. 학생들의 입장에서는

현장투입 능력의 부족으로 안정된 일자리를 구하기 어렵고, 회사 입장
에서는 사람은 많지만 쓸 만한 사람이 없기 때문에 채용하지 않는 부정
적 사이클이 만들어질 수도 있다.

이에 대한 몇 가지 방안을 제시하고자 한다.

• 현장 실습교육에 대응한 학내 실습 여건의 확충이 필요하다.

• 정규교육 이외에 별도로 심화교육을 전임교수뿐만 아니라 외부 전
문강사, 산업체인사를 초빙하거나 위탁교육기간을 이용하는 등의 교육
방법을 적용하여 일정기간 이상의 실습 및 현장교육을 실시한다.

• 수요처에서 현재 이루어지는 일들에 대한 자료 수집 및 이를 바탕
으로 한 '기업과제' 등의 교과목을 개발한다.

• 대기업 중심에서 벗어나 중소기업 탐방 및 위탁교육을 통한 현장적
응력을 제고한다.

• 전공 동아리 혹은 study group의 활성화, 제품/기술 전시회 및 여
러 가지 경진 대회의 참가 등을 통한 동기를 유발한다.

또한 현장실습업체 선정의 어려움 등을 해소하면서 실질적인 효과를
고양할 수 있는 교수연구실에서 근무방안도 강구할 필요가 있다. 교수
연구실에 근무하면 1 : 1 교육이 가능하므로 전공심화교육이 가능하고
학외 현장실습보다 나은 경험이 가능하다.

교수 연구실 근무(연구보조원 등)를 현장 실습으로 인정(학기당 1학
점, 1학점당 최소 40시간 이상 근무)하여 졸업 시까지 최대 4학점을 일
반선택과목으로 인정(전공이수학점이 아님)하는 것이 필요하다.

추진방법은 학과의 신청에 의해 전공교과목에 편성하고 교수와 학생
이 협의하여 수강신청하고, 수강신청은 2학년부터 가능(계절학기 포함)
하며, 실습내용은 전공과 관련되어 현장에서 적용 가능한 업무에 국한
하며, 채점, 청소, 수업준비 등은 제외한다.

이를 통하여 학생들에게는 실험수행능력과 현장응용력을 키워주고

대학원생이 부족한 교수의 연구를 도와주는 효과가 있다.

경북대학교는 1998년부터 새로운 모델의 새로운 형태의 현장실습(샌드위치) 교육과정을 운영하고 있다. 이 현장실습 교육과정은 학생들이 재학 중 일정기간 동안 여러 사회기관이나 산업현장을 체험함으로써, 사회의 각 부분이 필요로 하는 전문능력을 이해하고 습득할 수 있을 뿐만 아니라 졸업 후의 진로를 탐색하는 기회가 되어 학생들의 취업과 창업에 많은 도움을 주고 있다.

주요 내용은 교육기간에 따라 계절제(7주), 학기제(24주), 수시제(4주)등 3가지 유형으로 구분 실시되고 있으며, 교육 수료 후 각각 5학점, 18학점, 3학점이 인정된다.

표 2 _ 경북대학교 현장실습 교육과정

교과목		교과목 번호	학점 표기		비고
국문	영문		학점	실습주수	
현장실습1	Field Practice 1	FLEX201	5	7	계절제
현장실습5,6,7	Field Practice 5,6,7	LEX207,208,209	18	24	학기제
현장실습4	Field Practice 4	FLEX206	3	4	수시제

〈자료 출처 : 경북대학교, 2010, 홈페이지〉

참여자격은 4학기 이상 이수하고 전체성적 평점이 2.3점 이상인 재학생은 누구나 지원 가능하다. 다만, 졸업 직전학기의 경우 성적처리 문제로 인해 계절제 참여는 불가능하며, 1학기 학기제는 1월 10일경 이전에, 2학기 학기제는 7월 10일경 이전에 시작을 하여야 가능하다. 학생들은 기관 및 실습기관에 따라 월 60만원 이상의 실습수당을 받으며, 실습기간동안 학생들은 학교 및 기관으로부터 정기적이고 체계적인 지도를 받게 된다.

실습기간 동안 희망하는 학생들에 대하여는 현장실습교육과정 미참여 학생들과의 형평성을 고려하여 원격강좌에 한하여 3학점을 넘지 않는 범위 내에서 추가로 학점취득이 가능하도록 하였다. 현장실습교육과정을 통해 이수한 학점은 총 졸업이수 학점에는 포함되나 반드시 학교수업을 통해 이수해야 하는 교과구분별 최소 이수 학점에는 포함되지 않는다.

일반계절학기 수업과 현장실습교육과정 계절제는 함께 병행하여 이수할 수 없으며, 현장실습교육과정 수시제의 경우는 일반계절학기 수업을 합쳐 6학점의 범위 내에서 이수할 수 있다(단, 기간중복불가).

6) 대체이수 교과목 지정

교육과정의 신속한 개선과 학생들의 재이수 보장을 위한 대체이수 교과목 지정이 필요하다. 사회의 변화와 학문의 발전 속도가 빠르므로 대학의 교육과정도 그에 따라 신속하게 신설 또는 변경 등 개선이 필요하며 졸업생의 취업 시에 채용기관에서는 학업성적 외에도 성적증명서를 통한 최신 교육과정 이수 여부로 학생들의 객관적인 능력을 확인하므로 각 학과에서는 학문의 발전과 사회의 요구에 따른 신속한 교육과정 개선이 필요하다. 현재 많은 대학에서는 교육과정의 개편으로 교과목이 변경 또는 폐강되었을 경우에 재이수할 수 있는 방법이 없으므로 학생들은 미흡한 학점을 만회할 기회조차 얻지 못하여 매우 불리하다.

학점포기제도가 있어 일부 학점은 삭제가 가능하나 한계가 있어서 뒤늦게 공부를 열심히 하기 시작한 학생은 졸업을 늦추면서 노력하여도 자신의 성적을 개선할 방법이 없는 실정이다.

사회에서 필요로 하는 새로운 교육과정 개선을 통하여 학생들은 현대사회에서 필요한 지식을 적절하게 습득하여 취업 능력 및 업무 능력 제고가 필요하므로, 사회의 요구와 학문의 발전에 따라 신속하게 교육과정을 개선하여 경쟁력을 갖춘 인재를 양성하기 위해 대체이수 교과목을 지정하는 것이 필요하다.

이를 통하여 교과과정 변경 또는 폐강에 따른 학생들의 불이익 요소 제거로 사회의 요구와 학문의 발전에 따라 신속한 교육과정 개선이 지속적으로 가능하게 되고, 학생들의 교과목 재이수의 가능으로 희망적인 학업자세를 가짐으로써 면학분위기가 확산되고 경쟁력 있는 성적증명서를 확보하여 취업경쟁력이 향상되며, 실용적인 최신 교육과정 운영과 엄격한 학사관리가 현실적으로 가능하여 학생들의 실력이 향상되고, 학생들로부터 행정평의를 추구한다는 오해를 불식시키고 교육에 최선을 다하고 있다는 신뢰를 회복하여 학생중심대학으로 인정받을 수 있다.

7) 창의적 문제해결 교과목 편성 지원

학생들의 창의적 문제해결 능력 배양과 전공지식의 종합(응용, 완성)을 위한 교과목 편성이 필요하다. 현대사회는 다양한 문제가 발생하며 더불어 살아가야 하는 사회이므로 대학생들은 폭넓은 교양과 전공지식을 종합하여 창의적 문제해결능력, 시각적 추론능력, 팀원 간의 조화능력, 고객 니즈 반영능력, 발표토론 능력, 지속적 개선능력 등 창조적 아이디어의 도출과 활용을 통해 자신이 속한 사회를 만족시키는 능력이 필요하다.

현재는 졸업학점만으로 졸업이 가능하게 되어 종합적인 전공지식의 활용능력에 대한 검증이 어려워졌을 뿐만이 아니라, 상대적으로 쉽게 성적을 받을 수 있는 교과목에 치중하여 균형적으로 교과목을 이수하지 않고 있는 실정이므로, 학과 특성에 맞게 졸업논문, 졸업작품, 설계 프로젝트, 실기 및 작품, 캡스톤 디자인 등을 교육과정에 필수교과목으로 편성하여 창의적 문제해결 능력과 전공지식의 종합적인 활용능력을 배양할 필요가 있다.

현재교과목을 활용하거나 신설이 가능하며 여러 과목을 운영할 수도 있게 하며, 팀티칭, 학과 간 연합, 교과목 간 연합 등 다양한 시도가 가능하며, 가능한 한 많은 교과목의 강의계획서에 창의적 사고에 의한 문제해결능력 배양을 위한 내용과 방법 등이 드러나게 권장할 필요가 있다.

본 교과목 운영, 학생들의 활동 등을 위한 예산을 지원하여 실질적인 교육과 실습이 이루어지게 하며, 매 학기말에 결과 발표의 경진대회를 하면서 문화행사로 실시할 수도 있다.

그 결과 아래와 같은 성과를 기대할 수 있다.

• 학생들의 포트폴리오에 전공지식이 집적된 결과물 등을 포함하여 면접 시에 자신에게 유리한 방향으로 대화가 진행될 수 있으며 취업경쟁력을 향상시킬 수 있다.

• 현황분석 및 창의적 문제해결 능력과 자기주도형 학습능력을 확보하여 취업 후에도 탁월한 업무수행능력과 지속적인 자기개발 능력을 가지게 된다.

• 창의적 업무수행능력을 가진 대학 졸업생의 평판도 향상으로 대학 인지도 및 경쟁력이 향상된다.

• 창의적 문제해결 과제 결과 발표회는 학생이 중심이 되는 최고수준의 학술 및 문화 축제로 발전할 수 있어 교내의 면학분위기 확산에 크게 기여한다.

• 모든 행사를 대외적으로 공개하고 초청하여 실시함으로써 지역사회와의 협력관계를 강화하고 대학홍보 효과를 극대화 시킬 수 있다.

표 3 _ 캡스톤 디자인 운영 방안

세부사업명	주요내용	세부내역	추진일정	적용대상	비고
캡스톤 디자인 교과목 운영 제도 수립	학과 필수과목 편성	학칙 및 학사운영규정 개정	2010년 공포	모든 학과	2012년 2월 졸업자부터 적용
캡스톤 디자인 운영지원	학과별 운영계획수립 및 예산지원	교육역량강화사업 또는 기성회 예산 편성	2010년부터 시범 운영	필수과목 운영학과	경진대회 참가가 필수조건
캡스톤 디자인 경진대회	논문, 작품, 실기 등 발표대회	학생학술문화축제	2010년부터 학기말/학년말	참가를 희망하는 팀 또는 개인	경북 최고수준의 문화축제

〈자료 출처 : 안동대학교, 2009, 「학부교육강화방안 연구보고서」〉

표 4 _ 2009학년도 창의적 문제해결 관련 교과목 현황

단과대학	학과	교과목명	비고 (학점-강의-실습)
인문	국어국문학과	창작의 이론과 실제	(3-3-0)
	민속학과	지역문화와 문화사업	(3-3-0)
	민속학과	박물관 전시기획과 운영	(3-3-0)
사회과학	경제학과	경제인턴쉽II	(2-0-4)
사범	컴퓨터교육과	프로젝트실무	(3-3-0)
	정보전자공학교육과	캡스톤디자인 I ,II	(3-2-2)
자연과학	물리학과	물리학고찰	(2-1-2)
	물리학과	창업과 물리학	(3-2-2)
	지구환경과학과	지구환경과학논문실습 I ,II	(2-0-4)
공과	금속공학전공	재료시스템설계 I ,II	(3-2-2)
	세라믹공학전공	재료설계실습 I ,II	(3-0-6)
	기계공학프로그램	기계공학종합설계 I ,II	(3-2-2)
	기계설계공학프로그램	Capstone design I ,II	(3-2-2)
	컴퓨터공학전공	캡스톤디자인 I ,II	(3-2-2)
	멀티미디어공학전공	멀티미디어 프로젝트 I ,II	(3-2-2)
	전자공학전공	창의공학 설계프로젝트1,2	(3-2-2)
	정보통신공학전공	창의적설계 I ,II	(3-2-2)
	토목공학과	방재구조물설계 및 실습	(3-2-2)
	환경공학과	환경공학종합설계	(3-2-2)
	건축공학과	건축설계	(3-0-6)

예술·체육	음악과	합주	(2-0-4)
	미술학과	창작(동양화, 서양화, 조소) - Ⅰ,Ⅱ	(3-0-6)
		기법, 복합매체, 환경조형 - Ⅰ,Ⅱ	(3-0-6)

〈자료 출처 : 안동대학교, 2009, 「학부교육강화방안 연구보고서」〉

8) 학과별, 학과 간 세부전공트랙 제도 운영

학과(전공)별 자체 또는 학과 간에 취업과 학업을 동시에 목적으로 하여 제한된 범위 안에서 학습수준을 향상시켜 교육 경쟁력을 제고 할 필요가 있다.

학과단위 학습의 내용은 광범위한 측면이 있으므로, 학생들에게 학습 범위는 좁히고 깊이와 경험을 집중화하는 것이 효과적이므로, 학과 내 개설 강좌에 대한 모든 공부를 다 잘하는 것보다 제한된 영역에서 심화되고 특성화된 지식을 함양하여 취업에 성공하는 것이 효과적인 학생들에게는 전공 트랙을 선택하여 학습하도록 유도한다.

학과 학생들을 관심분야에 따라 나누고, 교수들도 전문 분야를 잘 살려 학생들을 가르치고 지도하며, 학생들에게 사회가 요구하는 분야에 관한 학습을 집중화한다.

주요내용은 학과(전공) 내, 학과 간에 사회적 수요가 있는 분야를 중심으로 2~3개의 트랙을 지정하여 교육하고, 학과 내 전공트랙은 학과 자체로 만들고, 학과 간 트랙은 관심 있는 교수들이 협의하여 만들고 운영한다. 학점은 트랙별로 최소 18학점 이상은 되도록 하고, 학위증에 '특성화학습 수료자'로 표기한다.

학과의 모든 교과목을 〈기초교과〉, 〈심화교과〉, 〈특성화교과〉의 3단계로 분류하여 운영하고, 심화교과목과 특성화교과목을 분야별로 묶어서 전공트랙으로 분류한다. 전공교과 가운데, 특성화교과는 모두 고루 트랙에 소속되게 하는 것, 트랙명칭에 사회적 요청이 담기게 하는 것이 전공트랙의 관건이며, 산학연계트랙, 트랙운영시범, 트랙평가발표회 등을 통하여 트랙운영의 내실화를 기하고, 그 성과를 확산시켜 트랙 운영을 활성화한다.

전공트랙별 주임교수를 지정하여 관리 운영하고, 모든 비용은 최소경비와 인센티브로 지급하며, 대학과 기업간 연계에 의한 맞춤형 전공트랙 협약도 추진 가능하며, 트랙별로 특성화 교과목을 7~8개 중복되지 않게 배정한다.

학과 내 전공 트랙제도는 다음과 같은 성과가 기대된다.

학생들의 관심분야 집중효과 증대로 학업에 대한 참여도 향상, 학생의 특기와 적성에 더 부합되는 공부를 하도록 장려하고 지원 강화, 학생들의 특기, 적성 교육의 효과 제고, 학과 공부에 대한 자신감 증진과 취업 가능성 확대, 학생들의 진로지도에 효과 등을 고양할 수 있다. 새로운 융합전공을 창출할 수 있는 가능성 개척, 학과 간 단대간의 학문과 교육을 통한 융합의 효용 창출, 사회에서 요구되는 분야에 대한 집중교육의 실현할 수 있다. 중장기적으로는 학생들에게 향후 진로에 대하여 미리 대비할 수 있는 공부 실시, 학생의 특기와 적성에 더 부합되는 공부를 하도록 장려하고 지원, 학생들의 특기, 적성 교육의 효과를 제고하여 취업이나 진학에 효율성 증대, 산학연계트랙의 경우에는 맞춤형 취업이 가능하게 지원할 수 있다.

9) 맞춤형 소규모 강좌개설

특정목적에 부합하는 맞춤형 소규모 강좌개설(정규 교과과정의 개설)을 통하여 학과특성화 및 대학교육의 내실화를 도모하고 대학의 발전뿐만 아니라 지역사회의 발전을 선도하는 차세대 글로벌 맞춤형 전문인재를 양성하고자 한다.

우리나라 대학들의 학부교육이 여러 면에서 미흡하지만, 일부 교육선진국들과 대비하여 특히 부족한 부분은 이공계 대학에서의 기초과학교육 분야이다. 이공계 대학의 교육수준이나 성패는 대학 1~2학년에서 배우는 수학·일반물리·일반화학·생물 등 기초과학 과목의 교육에 달려 있는데, 이 교육이 3~4학년 전공과목들의 기반이 되고 자기 분야에서 계속해서 경쟁력을 높이기 위한 기본적 자질과 직결되고 있다.

특히 우리나라의 특수한 고등학교 교육과정 때문에 이 문제가 더욱 중요하고 심각한 지경에까지 이르고 있으며, 현재 시행중인 제7차 교과과정 하에서는 수학·과학 과목이 선택사항이기 때문에 대학 신입생들의 학습 수준은 대단히 편차가 심하다. 기초지식을 전혀 접하지 않은 일반 고교출신으로부터 대학과정의 일부를 선행 학습한 과학고 출신학생까지 다양하다. 이러한 학생들 수백 명을 묶음으로 대형 강의실에서 이루어지는 획일적인 내용의 강의로는 소정의 교육목적을 달성할 수 없다.

미국 MIT나 하버드대학과 같이 우리 대학교육도 소규모의 학생이 참여하는 실습·토론중심, IT 기반의 입체적 강의로의 전환이 시급히 필요하며, 이러한 교육방법의 변화를 위해서 우수 강의인력의 지속적인 확보와 아울러 이러한 강의가 이루어질 수 있는 강의 인프라와 시설을 갖추기 위한 투자가 필요하다.

글로벌 경쟁에서 최근 기업의 생존 및 발전전략은 특정사용목적에 부합하는 다품종 소량생산에 있듯이, 다원화된 정보사회에서 대학교육 역시 산업사회에서 필요로 하는 표준화된 인재양성보다는 보다 차별적으로 세분화된 전문인재의 양성에 주안점을 두어야 하며, 현재 중대형 단위의 강좌를 통해서 특정목적에 부합하는 수업목표를 달성하기 어려운 강좌들이 제한적으로 다수 있기 때문에, 이러한 소규모강좌개설을 통하여 수업의 질적 수준을 도모하고 특정목적에 부합하는 인재를 양성할 필요가 있다.

주요내용으로는 10~20명 단위 소규모 강좌개설의 제한적 허용, 시범 도입 후 교육의 실효성이 증명되는 경우 점진적으로 확대 허용, 효과적인 소규모 강좌운영을 위한 소규모 맞춤형 전용강의실의 마련이 필요하다.

소규모 맞춤형 강좌가 필요한 교과목의 범위는 기초과학강좌(이공계열의 수학·일반물리·일반화학·생물 등 기초과학 교과목), 글로벌 원어강좌(영어, 중국어, 일본어 등 원어로 진행되는 수업) 등이다.

추진방법 및 방향은 아래와 같다.

• 교육성과가 가시적으로 증명될 수 있는 강좌에 국한하여 제한적으로 시범시행한 후 그 결과를 평가하여 확대 허용하는 것이 바람직하며, 소규모 맞춤형 강좌가 필요한 교과목 또는 필요성에 대한 수요조사가 필요하다.

• 엄격한 적부심사기준을 마련하여 사전에 교수자의 신청서를 접수하여 심층적으로 이를 검토하여 그 허용여부를 제한적으로 판단하여야 한다.

• 동일 교과목의 분반 시 교수자의 시수를 인정한다. 교수자가 동일할 경우 50% 인정, 다를 경우 66% 인정하는 방향으로 추진되는 것이 바람직하다.

• 시범운영(1학과 최대 1강좌 허용) 후 점진적으로 확대하여 허용하되, 학기말 평가 또는 성과분석을 통하여 그 결과가 미진하거나(개별수업계획에서 제시하고 있는 성과 달성치와의 비교분석) 부실한 수업운영이 이루어지거나 또는 수업평가가 일정수준(예를 들면 3.8)에 도달하지 못하는 경우 차기 학기부터 소규모 강좌개설을 불허하도록 한다.

• 소규모 강좌의 원활한 수업운영을 위하여 잘 설계된 소규모 전용강의실이 마련될 필요가 있으므로 단과대학별 3~5개 정도의 소규모 전용강의실이 필요하다.

• 소규모 강좌에 부합하기 위한 '효과적인 교수법'의 개발이 연구될 필요가 있으며, 개강 전에 세미나 등을 통하여 수업계획 및 운영에 필요한 강의기법을 상호 공유할 수 있는 장이 마련될 필요가 있다.

기대성과는 수업의 질적 수준 및 학생들의 학업 성취도 제고, 교육의 내실화 도모와 취업의 질적 수준 향상, 우수 신입생의 유치를 위한 대학 홍보에 기여 등이다.

2. 진로교육 과정

현재 대학들이 운영하고 있는 주요 진로교육 프로그램은 다음과 같다. 일부 여건이 좋은 대학들을 제외하고는 이 프로그램들을 모두 실시하지는 못하고 있지만 각 대학들이 보편적으로 실시하고 있는 것들이며, 주요 프로그램은 유형별로 다음 〈표 5〉와 같이 진로탐색 및 진로결정, 기본소양, 직무 심화, 취업역량 강화, 취업경쟁력 제고 등으로 분류할 수 있다.

각 프로그램은 독립적인 것이 아니라 단계별로 체계적으로 실시하여 상호 연계를 통한 전반적인 취업 능력 강화가 요구된다.

표 5 _ 진로교육 프로그램 유형별 분류

구 분		주요 교육 내용
진로 탐색 및 진로 결정	공통	심리검사(인·적성검사), 상담 및 코칭, CAP+과정(진로 및 직업설계 과정), 인성교육, 취업 특강, 취업자료집, 취업관련 인터넷 시스템, 글로벌 능력 강화 과정
	기초	취업 교과목(저학년용), 캠프(취업 마인드 형성),
취업 역량 강화	공통	셀프리더십, 스피치/프레젠테이션, 문제해결능력 향상과정, 창조적 사고 능력 과정, 이미지메이킹, 외국어 능력 향상 과정, 자격증 준비과정, 취업동아리, 단대(학과)별 핵심 취업활동 지원, 각종 시험 동영상 강좌
	기초	취업 교과목(고학년용), 취업캠프(취업 실전 훈련), 직무 능력 검사, 여학생 커리어개발 프로그램
	심화	직무별 역량개발 과정(금융, 영업/마케팅, 생산, 비즈전략기획, 글로벌 CS, 회계, 인사, 물류, 예비 MBA과정), 입사서류 작성기법(이력서·자기소개서), 면접 강화 과정, 취업컨설팅, 프로젝트 참여, 성공적인 직업수행 과정
행사 등		취업박람회(취업주간 행사), 직업체험(현장실습, 인턴), 멘토링, 선후배 만남의 날, 공모전
기타		취업지원 관련 연구 및 프로그램 개발, 진로교육 담당자 역량 강화

1) 진로탐색 및 진로결정 프로그램

대학교에 입학하여 최소한 1학년 2학기부터 2학년 때까지는 진로탐색 및 진로결정이 이루어져야 한다. 결정과정에서는 본인의 능력과 적성 및 발전 가능성을 바탕으로 하여 공통과정인 심리검사(인·적성검사), 상담 및 코칭, CAP+과정(진로 및 직업설계 과정), 인성교육, 취업 특강, 취업자료집, 취업관련 인터넷 시스템, 글로벌 능력 강화 과정과 기초과정인 취업 교과목(저학년용), 캠프(취업 마인드 형성)을 잘 활용하여 진로 결정이 이루어져야 한다.

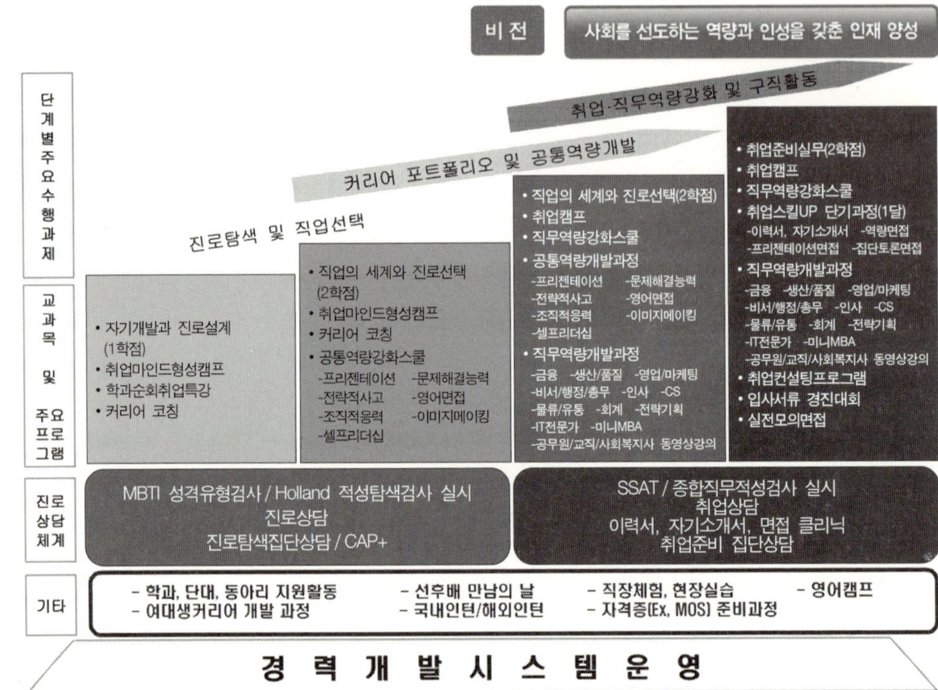

그림 1 _ 단계별 진로지원 로드맵(예시) (그림 구성 : 이대용)

(1) 공통과정

① 심리검사(인·적성검사)

한국인의 정서에 맞게 개발한 검사 도구로 문항과 도형관계에서 응답 결과에 따라 허구성이 검출되므로 타 검사에 비해 자신의 인성(선택한 직업을 수행하기 위한 자질 및 성격)과 직무 능력(선택한 직무를 수행하기 위한 기본적인 능력)을 객관적으로 측정하고 진단하기 위한 검사를 실시하고 있다.

일반적인 검사 도구로는 MBTI, 홀랜드, 직업선호도 검사, 성인용직업적성검사 등이 있으며, 대학에서 무료로 실시하거나 한국고용정보원 워크넷(http://www.work.go.kr)에서 무료로 실시하고 있다.

• MBTI 검사

마이어스—브릭스 유형 지표(Myers-Briggs Type Indicator, MBTI)는 캐서린 쿡 브릭스(Katharine C. Briggs)와 그의 딸 이사벨 브릭스 마이어스(Isabel B. Myers)가 카를 융의 성격 유형 이론을 근거로 개발한 성격유형 선호지표이다. 이 검사는 제2차 세계 대전 시기에 개발되었다.

MBTI는 외향(Extroversion)/내향(Introversion), 감각(Sensing)/직관(Intuition), 사고(Thinking)/감정(Feeling), 판단(Judging)/인식(Perceiving)의 4가지 영역으로 구성되어 있다.

각각의 척도는 두 가지 극이 되는 성격으로 이루어져 있다. 네 가지 척도마다 두 가지 경우가 존재하므로 24 = 16가지의 유형이 만들어진다. 유형은 각 경우를 나타내는 알파벳 한 글자씩을 따서 네 글자로 표시한다. 다음은 MBTI의 유형들이다.

표 6 _ MBTI의 유형

구분	감각/사고	감각/감정	직관/감정	직관/사고
내향/판단	ISTJ	ISFJ	INFJ	INTJ
내향/인식	ISTP	ISFP	INFP	INTP
외향/인식	ESTP	ESFP	ENFP	ENTP
외향/판단	ESTJ	ESFJ	ENFJ	ENTJ

이 검사는 개인별로 쉽게 응답할 수 있는 자기 보고 문항을 통해 각자 선호하는 인식과 판단 경향을 찾아내고, 이러한 요소들이 합쳐져서 어떻게 영향을 미치는 가를 파악하여 실생활에 응용할 수 있도록 제작되었다.

• 홀랜드 검사

Holland는 성격 특성을 진로와 관련시켜서 진로 발달 이론과 직업흥미검사를 구성하였다. 사람들은 자신과 유사한 직업적 흥미와 성격을 가진 사람들이 일하고 있는 직업분야를 선택하려는 성향이 있기 때문에, 자신의 소질과 흥미, 환경 여건 등을 고려하여 직업을 선택하게 된다. Holland의 직업흥미 이론의 핵심은 흥미와 직업에 대한 다음과 같은 몇 가지 가정에 기초를 두고 있다.

대부분의 사람들은 현장형, 탐구형, 예술형, 사회형, 진취형, 사무형 등 여섯 가지 흥미유형으로 분류할 수 있다. 각각의 흥미유형은 개인적, 문화적, 환경적 여러 요소들간 상호작용의 산물이며, 사회생활과 경험을 통하여 사람들은 특정 대상과 특정 행동을 선호하는 것을 학습하게 되고 강한 흥미를 느끼게 된다. 이러한 흥미들로 인하여 개인 특유의 관심분야와 기질이 형성되어 독특한 방식으로 생각하고, 지각하며, 행동하도록 만든다.

여섯 개 유형의 사람들은 각각 자신을 둘러싼 문제와 과업에 대처하는데 필요한 태도와 기술을 다르게 가지고 있다. 각 유형마다 독특한 방식으로 정보를 선택하고 처리하지만 일정 목적을 달성하기 위해 노력하고 각각의 특징적 행동들과 기술, 재능 등을 발휘함으로써 목표를 성취하고자 하는 것은 모든 유형에서 동일하다.

• 직업선호도검사(L형)

직업선호도검사 L형은 성인의 직업흥미, 일반성격, 생활경험을 측정하여 수검자가 자신의 모습을 진지하게 탐색해 볼 수 있는 기회를 제공하고 수검자의 심리적 특성에 적합한 직업들을 제공해준다. 만 18세 이상의 성인이면 누구나 수검이 가능하며 학력에 의해 제한을 받지 않으며, 검사를 실시하는데 소요되는 시간은 약 60분이다.

직업선호도검사는 다양한 분야에 대한 선호도를 측정하는 흥미검사, 일상생활 속에서 나타나는 개인의 성향을 측정하는 성격검사, 과거와 현재의 개인적 생활특성을 측정하는 생활사검사로 구성되어 있다.

• 성인용직업적성검사

한국고용정보원에서 개발한 적성검사로 능력과 적성을 파악하여 적합한 직업선택을 할 수 있도록 도와주기 위한 검사이다. 16개의 하위검사로 구성되어 있으며 약 80분 가량이 소요된다.

② 상담 및 코칭

개인의 인성 및 직업에 대한 인식, 가치관, 성격을 고려하고 또한 개인의 지적인 능력 즉, 학문적 사회 경험에 의한 지식 등을 검증하여 종합 분석하고 각 개인의 기호, 관심, 흥미 등을 총체적으로 통합 분석하여 상담을 실시하여 학생들의 진로에 도움을 주고자 각 대학별로 상담 전문가가 학생들의 인성 및 진로에 대한 상담 및 코칭을 하고 있다.

③ 진로 및 직업설계 과정(CAP+ 과정 등)

직업선택과 관련된 자신의 심리적 특성을 종합적으로 이해하여 자신에 맞는 적합한 직업을 찾아내고, 직업과 관련된 상세한 정보를 수집하고 분석할 수 있도록 하고, 자신에 맞는 직업과 관련된 상세한 정보 수집을 바탕으로 입직을 위한 구체적인 진로계획 및 실천전략을 수립할 수 있도록 하고 있다.

서류 작성 기법, 모의면접을 통해 성공적인 취업을 위한 핵심역량을 함양하여 궁극적으로 취업률 향상에 기여하고 있다.

한국고용정보원에서 2001년 고등학생에서부터 대학생, 청년층까지를 대상으로 단일 CAP 프로그램 개발하였으며, 2007년 프로그램의 단점을 보완하고 수요자 요구분석을 실시하여 고등학생용과 대학생(청년층)용으로 분리하여 CAP+ 개발하여 시행 중이다.

총 교육 시간은 30시간(1일 6시간씩 5일간 집중 교육이 원칙임)이지만 학교 실정에 따라 분산 또는 일부 축약 교육을 실시하고 있다.

교육과정은 A모듈 : 나를 만나러 가는 길(자기 탐색), B모듈 : 내안의 나를 찾아서(자기 분석), C모듈 : 커리어네비게이션(적성 검사 등 진로

분석), D모듈 : 기업 정보 여행(기업분석), E모듈 : 결정은 내가 한다.
(진로 설정), F모듈 : 나를 표현하자. I (이력서, 자기소개서 작성법), G
모듈 : 나를 표현하자. II(이미지 메이킹), H모듈 : 모의 면접(실전 모의
면접), I모듈 : 나를 넘어서(비즈니스 매너)로 구성되어 있다.

또는 대학 자체적으로 구성하여 운영하기도 한다.

표 7 _ 진로 및 직업설계과정(예시)

강의주제	내용	시간
1. 오리엔테이션 진로설계의 중요성	• 오리엔테이션 • 진로설계의 중요성을 설명하여 참여하는 동기를 고취 • 행복한 삶의 조건과 직업의 의미	3
2. 자신에 대한 이해	• 나의 흥미·적성·성격·가치관과 진로 이해 • 종합적 나의 이해와 진로	3
3. 직업세계에 대한 이해	• 직업 및 산업구조의 변화 이해 • 고용, 성공적인 직장생활 및 기업문화의 이해 • 직업 및 자격정보	3
4. 평생직업과 평생학습	• 평생직업 및 학습의 의미 • 자기개발과 요구 분석 • 평생학습계획 수립 및 태도	3
5. 진로의사 결정	• 진로결정 메커니즘 이해 • 자신에게 적합한 예비 직업선택 및 추가정보 탐색 • 선택 직업의 입직 조건 탐색	4
6. 진로계획 및 준비	• 진로준비 계획 • 자기 PR능력개발 • 모의 입사서류 및 면접 준비	4

〈자료 출처 : 충남대학교, 2009, 취업촉진 프로그램〉

④ 인성 교육 강화

올바른 인성교육을 통해 미래 지향적인 가치관 수립 및 건전한 시민
사회 구현에 기여할 수 있는 민주시민으로서의 자질을 함양하고 사회나
기업에서 필요로 하는 맞춤형 인재로 양성하여 취업 경쟁력을 강화하기
위한 과정이다. 공동체 속에서 함께 하는 삶을 인식하게 하여, 타인을

배려하는 인성을 함양하고, 책임감 있는 사람이 될 수 있도록 유도하고, 우리의 아름다운 미풍양속을 바탕으로 21세기형 인재를 육성하여 선진 시민사회를 이끌어갈 인재를 양성하는 과정이다.

표 8 _ 인성교육 교육 과정(예시)

교과목		교육 시간				
		강의	현장	체험	기타	계
전통에서 배우는 인생의 지혜	• 미래사회 엘리트로서의 마음가짐	1.5				1.5
	• 한국유교문화이해를 통한 심성수양	1.5				1.5
	• 선현들의 나라사랑과 실천의식	1.5				1.5
	• 유적지에서 배우는 선현들의 삶과 사상		7			7
	• 활인심방을 통한 심신수양			1		1
더불어 하는 삶	• 배려와 관심, 禮마인드 함양	2				2
	• 우리가 꼭 알아야 할 기본예절			1.5		1.5
	• 나눔과 협동의 전통-영상강의(2회)				1	1
자기성찰	• 새로운 자기로의 출발-분임토의				5.5	5.5
	• 사색을 통한 마음 가다듬기			1		1
	• 자기혁신을 위한 실천 방법 배우기				1.5	1.5
총 계		6.5	7	3.5	8	25

〈자료 출처 : 안동대학교〉

⑤ 취업특강

학생들에게 취업의 비중이 높아짐에 따라 개인적인 차원에서의 준비는 물론이고 학교 차원에서의 다양한 취업지원 교육이 진행되고 있다. 대부분의 취업교육이 다수의 학생을 대상으로 보편적으로 진행되고 있기 때문에 지원 분야별 특화된 교육을 실시하는 데에는 한계가 있으므로 전공·분야별 취업특강을 통해 특화된 취업교육을 실시하고 해당 분야의 기업인사담당자와의 만남의 장을 제공하여 진로개발의 실제적 향상을 위한 것이다.

⑥ 취업관련 자료집 발간

대학 신입생 및 저학년 학생들이 재학시절을 알차고 보람 있게 보낼 수 있도록 인간관계, 동아리 활동, 학점관리 등 대학생활 전반을 효과적으로 안내하고 나아가 졸업 이후의 취업 및 진로 설정에 미리 대비할 수 있는 정보를 제공하고자 하는 것이다.

⑦ 취업지도 인터넷 시스템 개발

취업지도를 총체적으로 지원할 수 있도록 진로 및 취업실태 정보, 경력개발, 구인, 구직 활동, 졸업 후 관리 등을 통합한 취업지원 포털시스템이다.

⑧ 글로벌 능력 강화

외국계 기업은 물론 국내기업도 자신의 영역을 확장하기 위하여 세계화를 지향하고 있다. 이에 필요한 글로벌 인재가 되기 위해서는 유연한 사고와 국제적인 소양을 바탕으로 다양성과 외국어 및 네트워크 능력, 자기직무에 대한 글로벌 역량을 갖춤과 동시에 국제적 감각과 세련된 교양을 필요로 한다. 글로벌 사회의 요구에 능동적으로 대응하기 위하여 어학연수 및 외국 업체에 파견하여 전공과 관련한 현장교육은 물론 외국 문화를 체험함으로써 글로벌 감각을 갖춘 인재로 양성하고 있다. 또한 글로벌 경쟁력을 갖춘 우수인재 육성으로 적극적으로 해외 취업을 모색하고 있다.

(2) 기초과정

① 취업교과목(저학년용)

저학년 학생들을 대상으로 진로에 대한 목표설정을 돕고 직업 선택을 위한 올바른 직업관을 갖게 하여 체계적인 취업 준비를 도와주고, 학교가 주체가 되어 학생들이 장기적인 계획을 가지고 진로를 준비할 수 있도록 진로 및 취업에 대한 지속적이고 체계적인 교육과 정보를 제공하는 것으로 학점을 부여하는 정규 교과목 형태로 운영하고 있다.

전담 교수가 담당하거나, 외부 전문가가 분야별로 팀티칭 형태로 운영하고 있다.

표 9 _ 취업교과목 저학년용 운영 예시

강의주제	내용	시간
1주	• 오리엔테이션 • 직업선택의 조건과 의미 • 올바른 직업관	2
2주~5주	• 자신에 대한 이해 • 흥미와 진로 • 자기분석과 SWOT분석 * MBTI, Holland 검사 병행	8
6주~8주	• 직업 및 산업구조의 이해 • 직업과 직업세계의 이해 • 직업과 자격 정보 수집	6
9주~11주	• 잠정적 직업결정 및 직업선택 • 목표 달성을 위한 정보분석 • 평생학습계획 수립 준비	6
12주~14주	• 진로계획 및 준비 • 성공적인 경력관리 준비 • 체계적 취업 계획 준비	6
15주	• 비전 및 커리어 로드맵 구축	2

〈자료 출처 : 필자 재구성〉

② 취업 마인드 형성 캠프

저학년을 대상으로 올바른 직업관 형성 및 비전을 수립하여 사회진출을 돕고 미래진로 및 효과적인 취업을 위한 진로개발 역량 및 자질을 배양하고 바람직한 직업가치관 배양 및 직업이 바라는 인재상을 숙지시키는 과정으로 대부분 2박 3일 과정으로 외부에서 이루어진다.

표 10 _ 취업마인드 형성 캠프 프로그램 예시

구분	시간	내용	비고
1일차	11:00~12:00	입소식, OT	1시간
	12:00~13:00	중식	
	13:00~14:00	인생가치관 경매	1시간(강의)
	14:00~17:00	'값진' 나만의 자기분석	3시간(강의)
	17:00~18:00	'몸치탈출' Relation Game	1시간(실습)
	18:00~19:00	석식	
	19:00~22:00	꿈꾸는 자의 특권	3시간(실습)
	22:00~23:00	조별과제 수행	1시간(실습)
	23:00~	자유시간 및 취침	
2일차	08:00~08:50	조식	
	09:00~11:00	다양한 직무소개	2시간(강의)
	11:00~12:00	A가 모르는 B의 취업정보	1시간(강의)
	12:00~13:00	중식	
	13:00~15:00	"꿈은 이루어 진다"	2시간(강의)
	15:00~18:00	A+ 경력관리	1시간(강의) 2시간(실습)
	18:00~19:00	석식	
	19:00~22:00	Storytelling 강화훈련	3시간(실습)
	22:00~23:00	조별과제수행	1시간(실습)
	23:00~	자유시간 및 취침	
3일차	08:00~09:00	조식	
	09:00~12:00	주도적 인생과 삶	3시간(강의)
	12:00~13:00	중식	
	13:00~14:00	조별 주제발표	1시간(실습)
	14:00~15:00	설문조사/수료식	

〈자료 출처 : 필자 재구성〉

2) 취업역량 강화 프로그램

(1) 공통과정

① 셀프리더십 과정

원만한 사회생활과 리더로서의 자질을 기르기 위하여, 성공요인에 대한 이해를 통한 효과적이고 체계적인 셀프리더십과 대인관계 리더십 능력을 배양하는 과정으로 자신의 삶을 주도하면서 체계적으로 추진하고 타인을 배려하는 법을 배우는 과정이다.

주된 내용은 아래와 같다.

- 선택과 책임의 습관을 형성하고, 원칙에 따른 행동
- 비전 달성을 위한 설계와 실행의 원칙
- 설계와 목표의 소중함과 성실성과 실행의 습관
- 시간의 소중함과 매트릭스 이해
- 감정은행계좌와 상호유익을 위한 습관
- 용기와 배려의 균형 유지하면서, 승—승의 원칙 이해
- 상호이해를 위한 대화기술의 습관
- 공감적 경청의 위력과 상대방 관점에서 이해하기
- 창조적 협력의 습관과 공통된 사명/목표의 중요성
- 차이점의 중요성과 제3의 대안 창출
- 부단한 자기 쇄신의 효과적 실천

② 스피치/프레젠테이션 과정

TPO(시간, 장소, 상황)에 적합한 의사전달력을 향상시키고 면접 시 중요시 되고 있는 프레젠테이션의 기본 이론을 교육하고 실습을 통해 우수한 프레젠터로의 역량을 강화하는 것이다. 프레젠테이션의 중요성 인식과 프레젠터 이미지 관리 스킬, 철저한 프레젠테이션 준비법, 바디

랭귀지 스킬의 중요성 인식과 활용법, 핵심을 효과적으로 전달하기 위한 기법, 감동을 주는 프레젠테이션 훈련 등을 전문가 조언과 비디오 피드백을 통하여 실시한다.

핵심 구성 내용은 아래와 같다.
- 성공 프레젠테이션의 중요성 인식과 프레젠터의 이미지 관리스킬을 습득
- 성공 프레젠테이션 핵심 원칙과 엑셀런트 프레젠터가 되는 비결 학습
- 철저한 준비는 성공 프레젠테이션을 위한 구체적 준비법
- 당당한 자신감과 열정적인 프레젠테이션으로 청중 흡인력
- 효과적인 스피치 & 커뮤니케이션(의사표현기술) 스킬 습득
- 바디 랭귀지 스킬의 중요성 인식과 구체적인 활용법 습득
- 핵심전달을 위한 요약 스피치 & 프레젠테이션 기법으로 경쟁력 강화
- 청중을 내편으로 만드는 감동 스피치 & 프레젠테이션 훈련
- 효과적인 비주얼 전략으로 승부
- 대중 연단 스피치 & 프레젠테이션 스킬 습득 및 교육성과 발표워크숍 실시
- 전문가 조언과 비디오 피드백으로 PT역량 업그레이드

③ 문제해결능력 과정

문제해결에 필요한 제반 사고와 프로세스를 이해하여 문제해결을 위한 아이디어 개발 및 합리적 실행계획을 수립하는 과정이다.

문제해결을 위한 사고 및 포커스, 문제의 정의 및 원인분석, 문제해결 기법 및 방법론 학습, 창조적 문제해결 포커스, 원인분석 및 대안 수립, 실행관리 및 현장적응을 주제로 주된 내용은 아래와 같다.
- 경영의 패러다임 이해 및 발생문제 인식
- 문제와 문제점의 이해와 문제해결을 위한 창의적 사고
- 상황파악에 따른 세부문제의 도출

- 프로세스를 통한 문제 상황 진단
- 문제해결을 위한 대안수립의 원칙
- 위험 요인의 검토와 대책수립
- 창조경영과 문제해결의 신아이디어 구상
- 변화를 위한 선택과 창조적 문제해결을 위한 방안
- 상황진단 및 대안 수립과 아이디어 발산
- 실행계획 수립 및 성공적 실행을 위한 리스크분석

④ 창의력 향상 과정

창의적 사고의 필요성을 이해하고 문제해결능력을 학습하여 창의적 문제해결방법과 아이디어의 적용 및 방법을 도출하는 과정으로 창의성의 이해—아이디어 발상—창의력 향상—창의력 장애극복 단계를 거친다.

주된 내용은 아래와 같다.
- 창의성의 이해와 창의적 사고기법
- 창의적 문제해결을 위한 생각의 순서
- 아이디어 실제 적용
- 창의력 향상 테크닉
- 아이디어의 선별 및 실천계획
- 조직 차원의 과제와 개인의 대응 방법
- 개인 차원의 과제와 장애 극복
- 아이디어 실행하기

⑤ 전략적 사고능력 향상 과정

문제를 인식하고 해결하는 전략적 사고능력 및 복잡한 상황에서의 트렌드와 구조의 변화를 읽어 문제 제기 능력을 배양하는 과정으로 기획과 전략적 사고—문제제기—현황파악과 구조화—대안개발—기획서 작성—설득력 제고와 후속조치 단계를 거친다.

주된 내용은 아래와 같다.

- 불확실성과 기획력
- 전략적으로 사고와 효과적인 기획의 프로세스
- 문제제기 핵심 6C
- 트렌드 변화와 구조변화
- 문제제기 방법과 원인분석 및 구조화
- 구조화 진행을 위한 3단계 프로세스
- 대안개발 가설의 구축과 검증
- 기획서의 구성 및 작성방법
- 프레젠테이션과 설득력
- 기획서에 다른 후속조치 방안

⑥ 이미지 메이킹 과정

자신을 변화시키고 긍정적 사고와 성공적인 삶과 직업에 대한 의식을 확립하고 자기 이미지 분석 및 강약점을 보완하고 강화하는 과정으로 면접 및 사회생활에 필요한 이미지메이킹/매너/스피치에 대한 교육을 실시하고 약점에 대해서는 클리닉을 실시한다.

주된 내용은 아래와 같다.

- 이미지 메이킹의 필요성
- 자신의 이미지 진단
- 비언어적 커뮤니케이션 스킬 및 시각적 이미지 중요성
- 개인별 이미지 진단 및 자신의 스타일 표현
- 자신의 색깔과 연출
- 얼굴유형과 헤어스타일
- 올바른 도구사용과 연출법
- 자세의 중요성과 올바른 자세
- 바른 자세와 워킹

• 바른 자세를 위한 교정 및 실습

• 호감 가는 자세 및 워킹

• 자신의 전체 이미지 연출

⑦ 기업윤리의 이해

기업 윤리에 대한 이해를 통해 자신이 원하는 기업에 성공적으로 취업하고 취업 후에도 유능한 기업인이 될 수 있도록 자질을 함양시키는 과정이다.

주된 내용은 기업 윤리의 이해, 기업인으로서의 윤리관 정립, 기업이 원하는 인재상에 대한 이해 등이다.

⑧ 외국어 능력 향상 과정

대학별로 영어, 중국어, 일본어가 중심을 이루고 있으며, 독일어, 불어, 스페인어에 대한 강좌가 개설되기도 한다. 최근 실용회화 능력이 중시됨에 따라 교육방향도 이에 맞추어 변화가 이루어지고 있으며 원어민 강사의 비중이 높아지고 있다.

• 영어관련 강좌

초급취업영어(Basic Practical English)는 취업경쟁력 강화에 필요한 수험영어(TOEIC 등)와 관련된 영어능력의 향상을 위해 개설되어, 취업에 필요한 영어기능에 대한 적응력을 높이고 수험영어에 대한 기본적인 연습을 강화하고 자신의 영어능력을 최대한 발휘할 수 있도록 수험영어에 대한 대비를 강화한다.

초급실용영어회화(Basic Practical English Conversation)는 글로벌 시대로의 변화에 능동적으로 대처할 수 있는 실용적인 기초수준의 영어회화능력을 함양하기 위해 개설된 강좌이다. 일상생활 및 비즈니스상황에 적용할 수 있는 기본적인 영어표현들을 익히고 연습하며, 컴퓨터와 인터넷의 활용을 통해 실생활 속에서 활용가능성이 높은 기본적인 수준의 영어구사능력을 키운다.

중급취업영어(Intermediate Practical English)는 취업경쟁력 강화에 필요한 수험영어(TOEIC 등)와 관련된 영어능력의 향상을 위해 개설된 강좌로서 초급취업영어를 수강하여 수험영어에 대한 기본적인 영어능력이 갖추어진 학생을 대상으로 한다. 취업에 필요한 수험영어의 실전연습에 중점을 두며 반복적이고 체계적인 연습을 통해 수험영어에 대한 대응력을 최대한 향상시키도록 한다.

중급실용영어회화(Intermediate Practical English Conversation)는 초급실용영어회화를 수강하여 기초적인 수준의 실용영어능력이 있는 학생들을 대상으로 한다. 글로벌 시대에 필요한 실용적인 중급수준의 영어회화능력을 함양하기 위해 일상생활과 비즈니스상황에 폭넓게 적용할 수 있는 다양한 영어표현들을 익히고 연습하며, 컴퓨터와 인터넷의 활용을 통해 실생활 속에서 바로 활용할 수 있는 중급 수준의 영어구사능력을 키운다.

영어 읽기와 토론(English Reading and Discussion)은 선정된 주제에 관한 글을 읽고 이에 대한 토론을 진행하게 된다. 영어자료의 대의를 파악하고 영어로 자신의 의견을 주장하거나 상대방을 설득하는 연습을 하여 영어발표력과 표현력을 신장시킨다. 전통적인 토론주제 외에도 텔레비전, 인터넷, 신문, 잡지 등에 보도되는 시사적인 자료에서도 주제를 선정하여 시사에 관한 고급수준의 영어 의사소통능력을 기를 수 있다.

영어관용어법(English Usage)은 원활한 영어구사에 필요한 어휘와 표현(연어, 관용표현, 속담, 유머, 담화체 등)과 관련된 능력을 갖추기 위해 개설된 강좌로서, 여러 분야의 어휘 및 표현들을 체계적으로 제시하여 효율적으로 영어 어휘력을 신장시키도록 한다. 다양한 상황적 의미를 표현할 수 있는 관용어법을 폭넓게 학습하여 영어구사에 대한 자신감을 향상시키고 숙달된 의사표현을 가능하게 한다.

영문독해(English Reading)는 영어자료를 읽고 이해하는 중급이상 수준의 능력을 갖추고자 하는 학생들을 대상으로 하는 강좌로서, 정선된 영미산문자료(수필, 소설, 논설문 등)와 영미저널자료(뉴스, 논평, 시사적 보도자료 등)를 강독하는 과정을 통해 영문파악력을 높인다. 영어로 된 긴 글을 읽고 대의를 파악한 후 약술하는 연습을 반복하여 영어로 된 교양서적 및 전공서적을 읽고 분석할 수 있는 기본적인 능력을 배양한다.

영어쓰기(English Writing)는 영어작문에 필요한 기본적인 영어글쓰기 능력을 집중적으로 연습한다. 문장간의 연결에서부터 문단의 구성 및 긴 글을 쓰는 단계에 이르기까지 영어글쓰기에 대한 체계적인 지도를 통해 논리적인 영어쓰기능력을 배양하고 다양한 문체를 적용하여 영어쓰기를 할 수 있는 능력을 기른다. 학생들이 스스로 작성한 글에 대해 평가 및 피드백 과정을 거치면서 점진적으로 영어쓰기능력을 향상시킨다.

• 일본어 관련 강좌

초급일본어(Basic Japanese)는 기초 문법과 문형을 통한 표현을 학습한다. 간단한 조사를 사용한 긍정문과 부정문, 의문문을 익히며 기본적인 형용사와 형용동사, 그리고 동사의 활용을 배워 문장에 적용시킨다. 시간, 날, 일, 월에 관한 표현을 학습하고 연습하며, 자신의 하루계획이나 하루일과 정도를 표현할 수 있도록 한다.

초급일본어회화(Basic Japanese Conversation)는 일본어 청취 및 반복 회화 학습을 통해 기본문형을 익혀 실생활에 활용할 수 있는 능력을 기른다. 복잡한 문법사항의 설명보다는 그림이나 영상자료를 이용하여 실생활에 필요한 초급수준의 회화 실력을 다지고, 자연스럽게 연관되는 문법이나 문형을 습득할 수 있게 한다.

중급일본어(Intermediate Japanese)는 다양한 어휘와 형용사, 형용동사, 동사의 활용표현을 공부하고, 이러한 술어들이 연결해 주는 조사의 역할을 심도 있게 학습한다. 반복적인 구문연습을 통해 실생활에 필요한 일본어 활용능력을 배양하고 다양한 매체를 통해 일본과 일본어, 그리고 일본문화에 대한 이해도를 높인다. 과거시제를 사용하는 표현을 숙달시키고 조사를 활용하는 단문에서 복문으로의 표현을 자연스럽게 이어나갈 수 있도록 학습한다.

중급일본어회화(Intermediate Japanese Conversation)는 일본어 청취 및 반복 회화 학습을 통해 다양한 문형을 익혀 실생활에 활용할 수 있는 능력을 기른다. 복잡한 문법사항의 설명보다는 그림이나 영상자료를 이용하여 실생활에 필요한 중급수준의 회화 실력을 다지고, 자연스럽게 연관되는 문법이나 문형을 습득할 수 있게 한다.

• 중국어 관련 강좌

초급중국어(Basic Chinese)는 초급과정의 중국어 발음법을 연습한 후 구문연습을 토대로 중국어의 기초를 다져나간다. 초급문법을 학습하여 회화 및 독해와 작문을 하기 위한 기초수준의 중국어 능력을 기른다.

초급중국어회화(Basic Chinese Conversation)는 초보적인 중국어 회화 학습에 필요한 기본 문형들을 숙지시키고 이를 응용하고 반복 연습함으로써 기초과정을 완성시킨다. 중국어를 모국어로 사용하는 사람과 기초적인 의사소통이 이루어질 수 있도록 한다.

중급중국어(Intermediate Chinese)는 기초적 중국어 능력을 보다 체계화하면서 중급수준의 문법과 독해, 작문연습을 다루어 초급수준의 중국어능력을 중급수준으로 향상시킨다.

중급중국어회화(Intermediate Chinese Conversation)는 중급의 중국어 회화 학습에 필요한 기본 문형들을 숙지시키고 이를 응용하고 반복

연습함으로써 중급과정을 완성시킨다. 중국어를 모국어로 사용하는 사람과 일상생활에 관한 가벼운 주제에 대해 자연스러운 의사소통이 이루어질 수 있도록 한다.

⑨ 자격증 준비과정

자격증은 전공별로 필요한 자격증을 취득하여야 하고, 공통적으로 필요한 MOS, ACA자격증(ADOBE 인증), -ICDL 자격증(한국생산성본부), 한국어 능력 자격, 한자 능력 자격 등이 있다.

자격증은 필수 불가결한 요건이라기보다는 현대 사회에서 분야별 전문성을 평가하는 척도이므로 자격증에 대한 중요성을 간과할 수 없다. 자격증에 대해서는 앞서 상세하게 기술하였으며, 부록으로 첨부하였다.

⑩ 취업동아리 지원

학생 스스로 취업에 관심을 갖도록 유도하고, 학생이 원하는 직무 중심의 취업 준비가 가능하도록 동종 분야 또는 업종에 취업을 준비하는 학생들끼리 멘토링 시스템으로 구성·운영이 가능하도록 하는 것이다. 이 취업동아리에서는 자신의 특성과 장점을 발견하고 가꾸는 활동, 직업현장 관찰 및 직업 체험 활동, 기업의 경영/인사 전문 담당직원들과의 취업에 대한 워크샵, 학생들 스스로의 의견 교환 및 토론, 교수/전문강사의 지도 및 강의수강, 외국에서의 워킹 홀리데이 체험 활동, 전국 및 지역수준에서 각 대학의 취업동아리간 경연대회 참여 등의 활동을 한다.

⑪ 단대(또는 학과) 취업지원 활동 지원

대학 전체 중심의 총체적인 진로지도 및 활동과 더불어 단과대학 또는 학과의 실정에 맞는 특색있고 실질적인 취업지원 활동이다. 특성에 맞는 진로지도 및 취업처 발굴 등 다양한 영역에서의 활동이 필요하다.

학생들의 취업 역량을 증진시키기 위하여 학과(전공) 중심의 다양한 취업지원 전략개발 및 특성화 프로그램을 운영, 학과(전공)별 맞춤형 취업지원으로 학과간 건전한 경쟁을 유도하여 취업률 향상을 통한 대학 경쟁력을 제고할 수 있다.

(2) 기초과정

① 취업교과목(고학년용)

정확한 채용정보를 제공하고 각 채용단계에서의 자신감 향상을 도와주기 위한 것이다. 학생들이 자신의 역량을 최대한 발휘하여 취업에 성공할 수 있도록 직무 및 기업에 대한 정확한 분석과 입사서류(이력서, 자기소개서) 작성 및 면접대응 능력을 제공한다.

학점을 부여하는 정규 교과목 형태로 운영하고 있다.

전담 교수가 담당하거나 외부 전문가가 분야별로 팀티칭 형태로 운영하고 있다.

표 11 _ 취업교과목(고학년용) 운영 예시

강의주제	내용	시간
1주	• 오리엔테이션 • 취업동향 분석	2
2주~3주	• 취업성공 프로세서 및 채용 공고 분석 • 채용경향 및 취업성공요인 분석	6
4주~7주	• 직무의 종류와 직무분석 • 기업이 요구하는 인재상 분석 • 기업분석/업종분석 • 개인역량 분석 * 인적성 검사 실시 병행	8

8주~10주	• 입사서류 작성법 및 실습
	  - 이력서
	  - 자기소개서
		6

| 11주~14주 | • 이미지메이킹 · 면접법 및 실습
  - 역량면접
  - 토론면접
  - PT면접 | 6 |
| 15주 | • 최종목표에 대한 종합전략 수립 | 2 |

〈자료 출처 : 필자 재구성〉

② 취업 캠프(취업 실전 훈련)

취업을 목전에 둔 고학년을 대상으로 취업 실전 전문 교육을 실시함으로써, 바로 현장에 투입할 수 있는 실무적인 인재로서의 변환을 유도하기 위한 것이다. 이 프로그램은 주로 입사서류(이력서, 자기소개서) 및 면접강화를 위하여 개인별 컨설팅 방식으로 진행되며 행사기간 동안 조별로 운영되어 사회에서의 필수적인 단체생활에 대한 적응력을 높일 수 있고, 리더십 함양에 도움을 줄 것으로 기대되며, 참가학생들의 유대감이 형성되고, 이 후 사회진출 시 인적 Network를 구성할 수 있다.

표 12 _ 취업 실전 훈련 과정 예시

월일	시간	내용	비고
1일차	11:00~12:00	입소식 및 오리엔테이션	자체진행
	12:00~13:00	중식	
	13:00~15:00	고용시장 흐름 이해 및 직업/직무 분석	2시간(강의)
	15:00~18:00	자기분석 및 입사지원서 작성 방법	3시간(강의)
	18:00~19:00	석식	
	19:00~23:00	개인별 입사지원서 클리닉	4시간(실습)
	23:00~	자유시간 및 취침	
2일차	08:00~08:50	조식	
	09:00~10:30	면접대비 이미지메이킹	1시간 30분(강의)
	10:30~12:00	면접 핵심 강좌	1시간 30분(강의)
	12:00~13:00	중식	
	13:00~16:00	직무역량 및 인성면접	3시간(실습)
	16:00~18:00	직무역량 및 인성면접 개인별 F/B	2시간(실습)
	18:00~19:00	석식	

3일차	19:00~22:00	주제발표 면접(PT) 진행 및 F/B	3시간(실습)
	22:00~23:00	토론면접 진행 및 F/B	1시간(실습)
	23:00~	자유시간 및 취침	
	08:00~09:00	조식	
	09:00~12:00	인사담당자 초청 특강	3시간(강의)
	12:00~13:00	중식	
	13:00~15:00	인사담당자와의 취업준비 Q&A	2시간(강의)
	15:00~16:00	설문조사/수료식	

〈자료 출처 : 필자 재구성〉

③ 직무적성검사

최근 기업들의 채용전형에서 중요시 되고 있는 직무적성검사를 사전 준비차원에서 실시함으로써 자신의 인성 및 직무능력을 객관적으로 파악하여 취업역량을 높이는 기회를 제공하고, 검사를 통하여 직무선택의 적합성과 자기진로의 목표를 설정하는데 도움을 주고자 실시하는 것이다.

직무능력검사는 업무처리 능력의 기반이 되는 각 개인의 두뇌활동 상태와 각 직무별 능력을 측정하는 검사로서 이해력, 논리력, 추리력, 공간지각력, 사고판단력 등 여러 분류로 결과를 도출할 수 있다.

인성검사는 개인의 주변 환경이나 성장과정에서 형성된 성품, 감성, 도덕성, 사회성 등을 측정하여 대인관계능력, 사회적응성, 문제해결능력 등을 파악할 수 있는 검사로서 인격이나 성격발달에 대한 결과를 도출한다.

④ 여학생 커리어개발 프로그램

남학생들에 비해 취업이 어려운 여학생들의 졸업 후 취업 능력을 향상하고자 여성에 적합한 교육훈련을 통해 여학생들의 진로 및 취업능력을 향상시켜 직업세계로의 진입을 촉진하는 과정이다. 미래에 여성이 장기적으로 직업에 종사할 수 있도록 산업계가 요구하는 여학생에게 적

합한 인성과 직무기술을 기반으로 커리어 개발 프로그램을 운영하는 것
이다.

(3) 심화 과정

직무 심화 과정은 철저하게 분석되고 이해가 되어야 하는 부분으로
직무별 역량 개발 과정(금융, 영업/마케팅, 생산, 비즈전략기획, 글로벌
CS, 회계, 인사, 물류, 예비 MBA과정)이 있다. 직무는 목표설정에서부
터 입사 및 입사 후에까지 중요한 영향을 미치므로, 이에 대한 교육도
강화되고 있다. 각 분야별 주요 내용은 아래와 같다.

① 직무별 역량 강화 과정

□ 금융

- 금융시장의 과거 상황과 현 상황을 토대로 환경변화 이해
- 온라인 금융거래의 위협과 대응
- 프로젝트 추진현황, 은행의 차세대 시스템 분석
- 차세대 전략수립을 위한 블루오션 전략의 이해
- IT도입을 통한 혁신의 중요성과 혁신사례 분석
- 최근 차세대 기술 동향(유비쿼터스, 웹2.0, UCC 등)
- EA의 개념과 필요성, 국내외 추진 동향
- 프로젝트 실패의 원인 분석, 국내 프로젝트 추진 현황

□ 영업/마케팅

- 영업목표의 종류 및 달성 우선순위
- 영업목표달성을 위한 전략 프로세스, 정보수집 및 분석
- 신시장 공략기회 파악 및 대응방안
- 마케팅의 개념 및 기업에서의 역할
- 소비자 욕구 및 구매행동 이해

- 상품기획 및 브랜드 개발/관리
- 원칙에 충실한 마케팅과 틈새시장 공략 마케팅 사례
- 전략적 사고와 마케팅
- 전략적 사례가 있는 마케팅 사례 연구
- 국내 CRM 추진현황 문제점 분석
- Customer Insight-Data Mining

□ 생산
- 공장운영관리의 개요
- 공장시스템 진단 및 과제 도출
- 공장관리의 목표와 관리지표의 설정
- 공장운영시스템과 목표전개
- 공수관리시스템의 이해
- 통합생산정보시스템의 구축 방법
- 결산서를 통한 경영상태 진단
- 구매가격 결정방법과 협상기술
- 구매외주 실무처리 순서와 고도화 방안
- 제조프로세스의 품질보증체제
- 납기(공정)관리 체계 실무 등

□ 비즈니스기획
- 경영환경변화가 자사에 주는 위협/기회요인과 대응방안
- 전략적 사고와 전략경영의 실현조건 구축
- Vision 수립 프로세스
- 비전 및 전략수립 실습 및 사례연구
- 중장기 경영계획 수립시 경영분석 자료 활용방안

- 사업성 검토를 위한 분석체계
- 회계의 기본이해 및 재무제표 활용하기
- 세계화/정보화로 인한 위기관리 중요성
- 리스크모니터링과 보고
- 리스크관리 시스템 실습
- 경제전망의 기본 개념 및 분석방법
- 중장기 경영전략의 의의와 수립 프로세스

□ 글로벌CS

- 미래시장의 CS패러다임
- 가치창출을 위한 CS마인드 구축
- 내부보상 및 인정시스템 구축 실무, CS교육 및 인력관리
- CS모델 개발 프로세스 이해
- 설문지 개발 프로세스, 설문지 작성 및 토의
- 조사결과 분석과 이슈도출, 개선사항의 도출 및 피드백
- 사례분석을 통한 CS평가시스템 구축 컨설팅
- 서비스 6시그마, 서비스혁신 성공을 위한 프로세스
- 고객가치분석 및 세분화, CEM의 이해와 프로세스
- 고객만족 향상을 위한 고객로열티 전략
- 서비스품질 측정 표준화, 서비스 프로세스 컨트롤
- 고객 불만 분석 및 해결방안 모색
- 고객센터 역할 및 실무

□ 회계

- 회계의 기초개념, 기본원리
- 대차대조표관련 거래와 계정

• 손익계산서관련 거래와 계정

• 거래의 개념과 이중성

• 거래의 8요소

• 분개의 의미와 기록 및 분개사례실습

• 총계정원장, 합계잔액시산표, 대차대조표, 손익계산서

• 전산시스템을 통한 재무제표 작성

• 회계정보의 질적 특성

• 재무제표이론 및 재무비율 이해

• 기간별 재무제표 분석 실습

• 기업간 재무제표 분석 실습

• 회계업무프로세스 개요

• 부가가치세, 원천징수 및 신고

• 결산과 법인세 신고방법

□ 인사

• 금융시장의 과거 상황과 현 상황을 토대로 환경변화 이해

• 채용프로세스 및 매뉴얼의 이해, 직급 및 승진관리

• 채용, 배치전환 비정규직 활용과 법률문제

• 임금관리에 대한 이해와 활용, 임금체계 개선

• 근로시간, 휴일, 휴가, 통상임금, 평균임금과 법률문제

• 직무관리/조직평가에 대한 이해와 활용

• 경력개발 프로그램 운영 및 핵심인재 관리

• 핵심인재의 중요성, 핵심인재관리와 평가시스템 도입

• 조직변화 필요성과 변화 관리 모델

• 조직문화와 핵심가치, 조직문화관리 방법

• 신뢰의 조직문화, 조직문화 혁신사례

• 전략적 HR 성과 측정, 전략지도 작성방법
• 기업의 생산성과 연계한 보상 관리

□ 물류
• 공급망 관리의 이해/핵심
• 공급망 관리의 기초/구성, 공급망 관리 방법
• Demand Management와 SRM의 개념과 필요성
• 물류정보시스템의 개요 및 U-물류의 추진과 적용방향
• 눈으로 보는 관리(VM)와 5S활동, ABC분류를 통한 관리
• 거점건립의 의사결정
• 해상운임의 결정과 기준, 국제물류와 항공운송
• 생산관리시스템과 생산계획 및 통제
• 작업의 설계/측정과 공정관리
• 공정시스템의 이해 및 현대적 공정관리

□ MBA예비과정
• 마케팅의 이해 및 트렌드
• 전략적 마케팅 기획
• 브랜드와 마케팅프로모션의 이해
• 회계의 본질 및 재무제표의 이해
• 회계의 순환과정 및 원리
• 재무제표의 작성 및 실체
• 기업의 환경 분석과 경영전략의 이해
• 경영전략 수립 프로세스 이해
• 신규 사업계획 수립전략
• 기업경영의 주요영역별 IT 활용사례

- 기업경영과 IT활용
- 성공적인 IT 전략 사례연구
- 생산관리시스템의 이해
- 생산관리시스템 계획수립 최적화방안
- 과학적 자재/재고관리와 외주관리
- 인사관리 전략의 수립 및 실행
- 기업의 성과관리와 보상체계 파악
- 인적자원 개발 및 노사관리

② 입사서류 작성기법(이력서, 자기소개서) 과정

입사서류는 기업에서 1차적으로 평가하는 중요한 과정이므로 이에 대한 교육은 취업교과목, 캠프, 단기 특강 등 다양한 형태로 이루어지고 있다.

입사서류(이력서 · 자기소개서) 의미 및 준비 방법, 자신의 이력에 맞는 입사서류 작성, 직무에 맞는 입사서류 작성, 유형별 입사서류 작성 및 피드백이 주로 이루어져, 입사에 실질적인 도움이 될 수 있도록 작성법 교육 및 클리닉이 실시되고 있다.

③ 면접 능력 강화 과정

면접은 입사를 결정하기 위한 마지막 단계로 취업교과목, 캠프, 단기 특강 등 다양한 형태로 이루어지고 있다.

면접에서 다른 사람과 차별화된 전략 수립, 집단 모의면접 시뮬레이션/피드백, 개인 심층 면접 시뮬레이션/피드백, 집단토론면접 시뮬레이션/피드백, PT면접 시뮬레이션/피드백, 영어면접 시뮬레이션/피드백, 실전 종합면접 결과 도출/피드백이 이루어져 각자가 가지고 있는 능력과 소양을 면접 시에 정확하게 표현할 수 있도록 능력을 강화하는 과정이다.

④ 취업 컨설팅

4학년에 재학 중인 학생들을 대상으로 그룹별·개인별 취업교육 및 컨설팅을 실시하여 개인별 취업 능력에 맞는 직무와 업종을 선택하게 하고 취업 정보제공 및 상담을 통하여 조기에 성공적으로 취업할 수 있도록 지원하고 취업 역량 및 취업준비도에 맞는 맞춤형 취업지원을 실시하는 것이다.

취업준비가 우수한 학생들에게는 대기업 또는 중견 기업을 목표로 집중적인 기업분석 및 구직교육, 서류클리닉, 인·적성검사 대비, 면접 클리닉 등을 실시하고, 취업 마인드 및 준비도가 낮아 대폭적인 취업역량 강화를 필요로 하는 학생들에게는 취업능력 함양과 적절한 취업처를 알선하는 등 집중적인 지도를 실시한다.

⑤ 프로젝트 참여

대학에 재학하는 동안 전공 관련 프로젝트에 참여하는 것은 전공 능력 배양에도 큰 도움이 되지만, 취업 시에도 중요한 요소이다. 성공이나 실패에 관계없이 그 프로젝트에서 어떤 역할을 수행했고, 무엇을 얻었으며, 향후 수행할 직무분야와 연결 고리를 만드는 것이 중요하다.

⑥ 성공적인 직업수행 과정

취업에 성공한 학생들을 대상으로 성공적인 직장인이 갖추어야 할 올바른 가치관과 의식을 정립시키고, 조직 구성원으로서의 필수적 역량을 습득하게 하여 성공적인 직장생활을 도모하게 하는 것이다.

직장인의 역할과 인식, 실무적 직업세계의 이해, 협력과 팀워크, 효과적인 인간관계 등이 주류를 이후며, 생애설계와 자기개발 목표를 수립하게 하여 오랜 기간 동안 성공적인 직업생활을 할 수 있는 바탕을 형성한다.

3) 행사 등 지원 프로그램

① 취업 박람회 및 취업주간 행사

취업 시즌에 맞춰 취업박람회 및 취업주간행사를 실시하여 취업과 행사를 접목시켜 진행함으로써 전체적인 취업분위기를 조성하고, 학생들이 취업에 대한 인식을 재정립 할 수 있는 자리를 마련한다. 학생들의 자발적인 참여를 유도하고 이후 취업에 대한 접근을 용이하게 하고 현장 리쿠르팅을 통하여 실제 취업에 도움을 줄 수 있다.

② 직업체험(현장실습, 인턴)

학생들이 방학기간 중에 국·내외 기관(기업체)의 관련분야에서 현장실습을 실시함으로써 경력개발 및 능력개발을 통한 직업수행 능력을 함양하여 취업경쟁력을 강화하고자 하는 것이다.

③ 멘토링

학생이 희망하는 기업체의 관련분야에서 현장실습과 경력개발의 기회를 제공하고 산학협력을 통하여 취업 경쟁력을 강화하고자 기업체의 담당자(멘토)와 협의하여 멘토링을 실시하거나, 평소 사회 저명인사 또는 선배와의 멘토 활동을 통하여 취업 능력을 배양하는 것이다.

실질적인 직무관련 멘토링을 통하여 업무에 대한 이해도 제고 및 역할에 부합하는 인재상을 정립할 수 있다. 그 주요 내용은 아래와 같다.

- 멘토링을 통한 효과적인 취업전략 수립 방법
- 멘토-멘티 아이스브레이킹
- 기업이 원하는 인재상
- 기업별/직무별 요구 인재에 대한 이해
- 효과적인 멘토링 운영 계획에 대한 컨설팅
- 우수 멘토링 조 발표를 통한 우수 멘토링 벤치마킹
- 각 조별로 설계한 멘토링 제도 운영방안 발표

- 조별 멘토링 운영 시 세부운영방안 보완
- 선배 직장인을 초청하여 각 영역별로 선배들의 경험담 강의
- 선배들과의 멘토링을 통해 각 개인별 커리어 로드맵 설계
- 나의 경력에 맞는 직업 설계시 주의사항 숙지
- 개인별 커리어 설계
- 개인별 커리어 달성을 위한 취업전략 수립 피드백

④ 선후배 만남의 날

정기 또는 부정기적으로 사회로 진출한 선배와의 만남을 통해 경험을 전수받고 향후 진로계획 설정 및 취업 후 사회 활동에 도움을 주고자 하는 것이다. 대학 전체 차원에서 '모교 방문의 날' 행사 또는 학과별로 실시하고 있다. 동문들은 모교를 방문하여 취업 경험담과 비법을 후배들에게 전수하여 취업에 대한 궁금증 해결과 진로 및 직무선택에 실질적인 도움을 줄 수 있다.

⑤ 공모전

공모전 수상 경력은 입사 시 중요한 가점 요소이다. 자신의 진로목표를 명확하게 설정하고 그 분야에 맞는 공모전에 도전해 볼 수 있다. 도전할 공모전을 선택했다면 공모 요강을 철저하게 분석하여 주최사의 의도를 파악하고, 이전 당선작의 당선 결과 심사 평가 요소를 분석해야 한다. 또한 기존 당선자들의 작품 성향을 분석한 뒤 팀 구성의 노하우, 아이디어 회의기법, 완결성 높은 작품을 제작하기 위한 요령들을 세심하게 마련하는 것이 중요하다. 공모전을 준비할 때 좋은 조언자를 만들거나 팀을 구성하는 것이 중요하며, 지도교수, 선배, 관련분야 코치, 경험자 등을 확보하여야 한다. 공모전은 차별적인 아이디어와 이를 실현시킬 최신자료를 구하는 것이 관건이다.

4) 기타 프로그램

① 취업지도 관련 연구 및 프로그램 개발

취업지도가 효율적으로 이루어질 수 있도록 경력개발, 산학연계, 외부 기관 간 네트워크 구축 방안 등에 대하여 연구하고, 이를 실행할 수 있는 프로그램 개발이다.

② 진로교육 담당자 역량 강화

진로지원담당자가 사업 및 프로그램 기획력, 노동시장에 대한 지식과 정보, 진로지도 및 상담에 대한 지식과 경험, 프로그램 개발 및 운영 능력, 학생에 대한 이해와 관심, 대학 내 타부서와의 네트워킹 또는 협력 능력, 취업처(일자리) 발굴, 기업체와의 연계 및 협업능력, 설득 및 협상 능력, 직업기초능력에 관한 지식, 경험과 관찰을 통한 기업문화의 숙지 등을 통하여 진로지원 업무를 효율적으로 실시하기 위한 역량을 강화하는 것이다.

이외에도 대학별로 해외연수 기회 등 특별하게 운영하고 있는 프로그램들이 있으며 전문성 제고를 위하여 민간 전문업체의 운영 지원을 받고 있는 프로그램이 많다.

3. 평생 교육 과정

평생교육진흥원에서 주관하는 평생학습계좌제 실시는 계속 학습을 하는 국민이 우대받으며 평생 동안 학습할 수 있는 풍토를 조성하고 있다. 교육의 양극화가 소득의 양극화를 불러일으킨다는 점에서 교육기회 균등은 매우 중요하다고 할 수 있으며, 이는 다양한 교육기관에서 일정 교육과정을 이수하면 교육 마일리지를 적립하여 취업이나 진학에 인센티브를 주고, 또한 특정한 분야의 지역 인적자원을 개발할 수 있다는 점에서, "생산성 있는 평생학습"의 기반이 될 수 있다. 평생학습계좌제는 새 정부의 핵심국정과제중 하나로 정보시스템상에 개인별 학습계좌를 개설해 정규학교 교육 외 개인적 학습결과를 누적, 관리해 학력이나 자격인정과 연계하거나 고용정보로 활용할 수 있게 하는 제도이다. 또한 사회적 소외계층에게는 학습프로그램 참여를 지원하는 등 자기 주도적 능력개발 기회 제공을 확대해 전 국민의 평생학습이 활성화를 도모하고자 하는 것이다.

이에 부응하여 대학의 평생교육원 교육과정은 폭 넓은 교양인 양성, 지역 사회에 봉사, 깊이 있는 전문인 양성, 따뜻한 봉사인 양성, 대학의 역할 제고의 목표(유아/아동/청년/성인/노인교육의 수직적 연계 및 통합 교육과정, 가정/사회/학교교육의 수평적 연계 및 통합 교육과정, 소외/취약계층의 자활/재활교육의 사회적 연계 및 통합 교육과정 개설)를 달성하고자 학습자중심, 지역토착화, 파트너십, 정보화, 네트워크 구축을 위하여 마련된 것이다.

대학 평생교육원에서 운영하고 있는 프로그램을 유형별로 분류해 보면 학력 보완 과정(학점은행제, 독학사, 시간제 등록생 등), 성인기초/문자해득 과정, 직업능력 향상과정, 인문교양과정, 문화예술과정, 시민참여 과정 등이 있으며 비용은 대부분 학습자가 부담하지만 직업능력 향상 과정, 소외 계층 지원 등은 국가 및 산업체에서 부담하기도 한다.

독학사 과정, 학점은행 과정은 일정 학점을 취득하면 학위를 수여하고 있으며, 일부 과정 이수 후 한국국공립대학교평생교육원협의회와 한국대학평생교육원협의회에서 민간자격증을 발급하고 있다.

또한 산업체 및 공공기관의 위탁교육, 재취업을 위한 직업교육과정
등을 개설하고 있다.

일부 대학에서는 재학생들의 취업 능력 제고를 위한 특별 교육 과정
등을 개설하여 운영하고 있다.

2009년도 대학 부설 평생교육 시설 프로그램 유형별 현황은 아래
〈표 13〉과 같다.

표 13 _ 2009년도 대학 부설 평생교육 시설 프로그램 유형별 현황

(단위 : 개)

구분	주제 구분						
	학력보완	성인기초/ 문자해득	직업능력 향상	인문교양	문화예술	시민참여	계
전문대학	2,367	8	944	463	903	30	4,715
교육대학	-	-	71	72	69	2	214
대학	8,720	10	3,431	1,555	2,791	64	16,571
방송통신대학	-	-	9	-	-	-	9
산업대학	69	-	115	55	154	1	394
기술대학	-	-	-	-	-	-	0
각종학교	1	-	2	-	-	-	3
원격대학	-	-	94	52	-	-	146
사내대학	-	-	-	-	-	-	0
기능대학	32	-	109	7	11	1	160
대학원대학	575	-	84	44	12	2	717
전공대학	11	-	-	-	-	-	11
총계	11,775	18	4,859	2,248	3,940	100	22,940

〈자료 출처 : 한국교육개발원, 2010, 교육통계연보〉

1) 학력 보완 교육 과정

학력 보완 교육 과정은 전통적 제도적 학력 시스템에서 교육을 받지
못하거나 중도에 탈락한 학습자들에게 평생학습를 통하여 충족하도록

한 것이다.

학력 보완 교육 과정으로는 고등교육 보완 프로그램으로 학점은행제, 독학사, 시간제 등록강좌, 대학 비학점강좌 등이 있고, 중등학력 보완 프로그램으로 고입·대입 검정고시 강좌, 중고생 교과연계 강좌, 진로 강좌 등이 있고, 초등학력 보완 프로그램으로 중입검정고시 강좌, 초등 학력 인증강좌, 초등교과 연계강좌, 과학교실 등이 있다.

특히 대학에서는 정규대학 교육 기회를 받지 못한 사람들에게 대학교육의 기회를 제공해 준다는 차원에서 정규 학교의 개방을 통하여 학점을 부여하는 방법과 정규 학교와 학교 외에서 이루어지는 교육과정을 연계하여 학력을 보완해 주는 기능이 있다.

학점은행제와 독학사 제도가 실시되면서 대학 평생교육원의 기능과 역할의 중요성이 더해가고 있다.

(1) 학점은행제

학점은행제는 「학점인정 등에 관한 법률(제6434호)」에 따라 학교에 서 뿐만 아니라 학교 밖에서 이루어지는 다양한 형태의 학습 경험과 각 종 자격을 학점으로 인정하고, 학점이 누적되어 일정 기준을 충족하면 학위 취득을 가능하게 함으로써 궁극적으로 열린교육사회, 평생학습사 회를 구현하기 위한 제도로 1998년 3월부터 실시되었다.

학점은행제는 평가인정 학습과목 이수, 학점인정 대상학교 이수, 시 간제등록 이수, 독학학위제 시험합격 및 면제과정 이수, 국가기술자격 취득, 중요무형문화재 보유 및 전수교육 등 고등교육 수준에 해당하는 다양한 학습경험을 학점으로 인정하여, 전문대학 또는 대학교와 동등한 학위를 수여하는 제도이다.

평가인정 학습과목은 대학부설 평생교육원, 직업전문학교, 학원 등 평생교육직업교육기관에서 운영하는 학습과목을 평가하여 학점을 인정하는 과정으로 전국 503개 기관에서 운영하고 있으며, 대학부설 평생교육원은 전체의 45.5%인 229개 기관이다.

평생교육진흥원의 자료를 통해 본 학점은행제 개요는 아래와 같다.

① 학습자 등록

학습자 등록은 학점을 인정받아 학위를 취득하기 위해서 학점은행제 학습자로 등록하는 것을 의미한다. '학습자 등록'을 해야만 학점인정신청을 할 수 있으며, 평생교육진흥원 학점은행 홈페이지(http://www.nile.or.kr) '학습자정보검색'을 통한 학점취득사항을 조회할 수 있다. '학습자 등록' 은 학위수여를 위해서 최초 한번만 등록하게 되며, 학점인정신청과 동시에 할 수 있다.

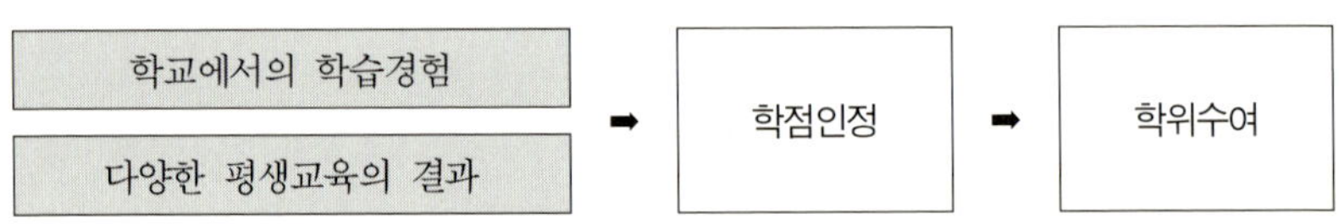

그림 2 _ 학점은행제 흐름도 (출처 : 평생교육진흥원)

② 학점 취득 방식

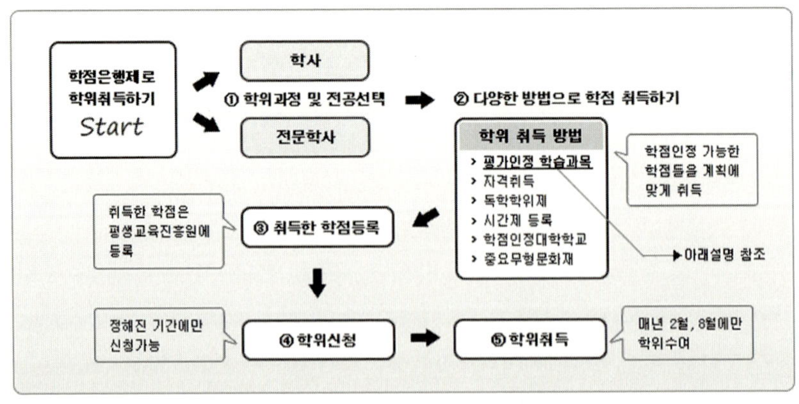

그림 3 _ 학점취득 방식 (출처 : 평생교육진흥원)

학점은행제를 통한 학위취득 과정은 학습자가 원하는 학위과정 및 전공을 선택하고, 학습하기에 용이한 다양한 방법으로 정해진 학점을 취득하여 학위를 받을 수 있는 제도이다.

③ 학위수여

학점은행제 학위는 「고등교육법」에 의한 대학교 또는 전문대학 학위와 동등하며, 교육과학기술부 장관이 수여하는 방식과 대학(교)의 장이 수여하는 방식이 있다. 학사 학위는 140학점 이상, 전문학사 학위는 80학점 이상(3년제는 120학점 이상)을 인정받아야 한다.

표 14 _ 학점은행제 학위수여요건

구 분	학사 학위	전문학사 학위		비 고
		2년제	3년제	
전공 학점	60학점 이상	45학점 이상	54학점 이상	평가인정 학습과목 또는 시간제 등록을 통해 이수한 학점(18학점) 반드시 포함
교양 학점	30학점 이상	15학점 이상	21학점 이상	
총계	140학점 이상	80학점 이상	120학점 이상	

〈출처 : 평생교육진흥원〉

④ 표준교육과정

표준교육과정은 평가인정과 학점인정의 기준에 관한 사항을 학습자와 교육훈련기관에 안내하기 위해 교육과학기술부 장관이 고시하며, 학위종류와 전공, 전공별 전공과목, 교양과목, 학점수, 수업시수 등 교육과정 전반에 관한 사항을 포함한다. 2009년 기준 표준교육과정에는 23개 학사 학위의 108개 전공과 13개 전문학사 학위의 109개 전공이 있다.

표 15 _ 학점은행제 표준교육과정 학위 종류 현황(2009. 11. 기준)

구분	학위 종류	전공수 (개)
학사	가정학사, 간호학사, 경영학사, 경제학사, 공학사, 관광학사, 광고학사, 군사학사, 무용학사, 문학사, 문헌정보학사, 미술학사, 미용학사, 법학사, 보건학사, 신학사, 예술학사, 음악학사, 이학사, 체육학사, 패션학사, 해양학사, 행정학사(총23개)	108
전문학사	가정전문학사, 경영전문학사, 공업전문학사, 관광전문학사, 군사전문학사, 농업전문학사, 산업예술전문학사, 언어전문학사, 생명산업전문학사, 예술전문학사, 의료전문학사, 행정전문학사, 체육전문학사(총13개)	109

⑤ 평가인정

평가인정은 교육훈련기관에서 개설하는 학습과정에 대하여 대학(교)에 상응하는 질적 수준을 갖추었는가를 평가하여 학점이 부여되는 학습과정으로 인정하는 것이다. 평가인정 방식으로는 학습과목 평가인정, 원격교육(학습과목) 평가인정, 전공단위 평가인정 등이 있다. 평가인정 대상기관으로는 대학(교) 부설 평생교육원, 직업능력개발훈련시설, 학원 등 다양한 평생·직업교육시설 등이 있다.

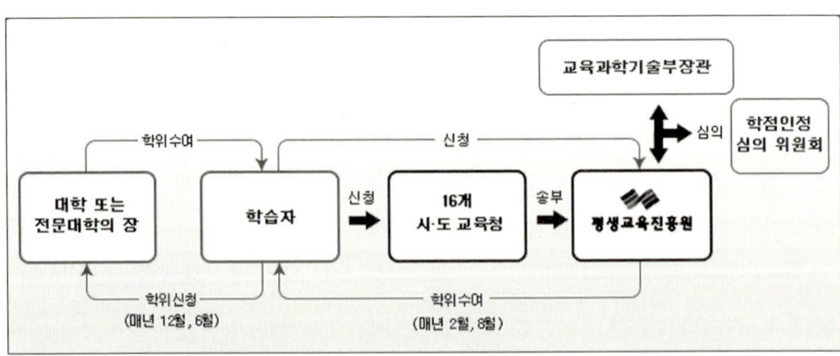

그림 4 _ 학점은행제 학점인정 흐름도 (출처 : 평생교육진흥원)

⑥ 학습자 등록 및 학점인정 신청 시기와 장소

학습자 등록 및 학점인정 신청은 분기별로 1회씩이며, 장소는 평생교육진흥원 또는 광역시 이상 시도교육청이다.

표 16_ 학습자 등록 및 학점인정 신청 시기와 장소

구분	1분기	2분기	3분기	4분기
평생교육진흥원 방문접수	1.2~1.31 [②12,15~1.15]	4.1~4.30	7.1~7.31 [⑧6.15~7.15]	10.1~10.31
광역시 이상 시도교육청방문접수	1.2~1.15 [②12,15~1.15]	4.1~4.15	7.1~7.15 [⑧6.15~7.15]	10.1~10.15

[②-2월 학위대상자/ ⑧-8월 학위대상자] 괄호 안 신청기간은 학위수여대상자 최종 학점인정 신청 및 학위신청기간임
〈출처 : 평생교육진흥원〉

(2) 독학학위제

독학학위제는 학습자가 개별학습을 한 결과를 시험을 통해 합격자에게 학사학위를 취득할 수 있는 제도이다. 1990년 중앙교육평가원을 통해 처음 실시된 후 1998년 한국방송대학교로 이관되었고, 「평생교육법」 개정에 따라 2008년부터 평생교육진흥원의 주관 아래 시행되고 있다.

2009년 현재 국어국문학, 영어영문학, 경영학, 법학, 행정학, 유아교육학, 가정학, 컴퓨터과학, 간호학 등 9개 학사학위 과정을 운영하고 있다. 2005년도까지는 중어중문학, 농학, 수학 등 3개 전공 영역이 있었지만, 수요 감소로 인하여 2006년도부터 폐지하였다. 이미 폐지된 전공의 독학학위제 학적을 보유하고 있던 사람은 계속 시험에 응시할 수 있는 기회를 부여하고 있다.

단계별 시험과정은 제1단계는 교양과정 인정시험으로 일반대학의 교양과정을 이수한 정도이며, 2~3단계는 전공기초과정, 전공심화과정으

로 전공 영역에 해당되며, 제4단계는 학위취득 종합시험으로 학위 취득자가 갖추어야 할 소양과 전문지식을 종합적으로 평가하고 있으며, 1년에 각 단계별 1번씩 4번 시험이 시행된다.

표 17 _ 독학 학위제 단계별 인정 시험과 성적 평정

단계	시험과목수			합격사정
	필수	선택	계	
교양과정인정시험	3과목	15과목중 2과목	5과목	과목합격제
전공기초과정인정시험	-	8과목중 6과목	6과목	과목합격제
전공심화과정인정시험	-	8과목중 6과목	6과목	과목합격제
학위취득종합시험	4과목	3과목중 2과목	6과목	과목합격제 총점합격제중택일

* 1~3단계 성적평정은 시험 과목별 60점 이상 득점 시 합격으로 표기하며 면제된 과목은 면제로 표기함
* 학위 취득자의 성적 평정은 4단계 학위 취득 종합시험 성적으로 표기함
〈출처 : 평생교육진흥원〉

독학학위제는 국가기술자격을 취득한 경우, 사법시험 및 공무원·군무원 공채시험에 합격한 경우, 자격·면허를 취득한 경우, 면제 과정을 이수한 경우에는 내용과 수준에 따라 일부 시험을 면제한다. 이외에도 평생교육진흥원장이 지정하는 교육기관에서 해당 평가 영역을 충족하는 과정을 이수한 자에게는 해당 시험 과목을 면제하고 있다. 현재 면제 과정 설치 교육기관은 총신대학교 부설 사회교육원 등 5개이다.

2) 성인기초/문자해득 과정

성인 기초 문해 교육으로는 문자해득 프로그램으로 한글교실(초급·중급), 미인정 한글강좌 등이 있고, 기초생활 기술 프로그램으로 다문화교육, 가족 문해 교실, 한글교실(고급), 한글 응용교육, 생활한자 교육

등이 있고, 문해학습 계좌 프로그램으로 초등학력 인정과정, 학습계좌 신청 문해강좌, 귀화인 한국어 교육 등이 있다.

특히 문해 능력은 일상생활을 영위하는데 필요한 기초 능력으로 단지 글을 쓸 줄 아는 능력뿐만 아니라 모든 교육의 토대가 되는 가장 기본적인 능력이다. 2005년 통계청의 조사에 따르면 15세 이상 인구 중에 초·중학교 학력 미달 인구는 약 599만 명으로 전체 인구의 15.74%에 이른다. 2008년 국립국어원에서 실시한 '국민의 기초 문해력 조사' 실시 결과에 따르면 전국 19세 이상 성인 중 약 1.7%가 글을 전혀 읽고 쓰지 못하고, 5.3%가 문장을 이해할 능력이 거의 없는 것으로 나타났다. 그뿐만 아니라 우리나라가 다문화 사회로 진입함에 따라 외국에서 유입되는 외국인 근로자 및 이주 여성의 증가는 국민으로서 기초 생활 능력 향상 및 우리 사회 일원으로서 역할을 할 수 있는 교육적 장치의 필요성을 증대시키고 있다.

이에 2006년도부터 국민 기초 능력 향상과 사회적 통합을 위해 저학력 성인에게 제2의 교육 기회 제공을 목적으로 성인문해교육 지원 사업을 추진하고 있다. 성인문해교육 지원사업은 「평생교육법」 제6장의 문자해득교육 관련 조항에 근거하여 문해교육 프로그램을 지원하며, 성인문해 학습자에게 초·중학교 교육과정에 해당하는 문자해득 프로그램 이수를 통해 학력을 인정받을 수 있도록 돕고 있다(평생교육백서, 2009).

프로그램 성격상 지역별 평생교육기관에서 대부분 실시되고 있으나, 2009년에는 전문대학 8개 기관, 대학 10개 기관에서 실시하였다.

3) 직업 능력 향상 과정

직업에 최초로 진입하거나 재취업 및 평생동안 안정정인 직업생활을 돕기 위한 과정이며, 대학부설 평생교육원의 기능이 증대됨에 따라 다양한 직업능력 향상 과정이 운영되고 있다.

직업준비 프로그램으로 인력양성, 창업, 취업준비, 재취업 과정 등이 있고, 자격인증 프로그램으로 자격증 취득, 지도사 양성, 외국어 과정 등이 있고, 현직직무역량 프로그램으로 공통직무 연수, 전문직무 연수, 경력개발, 평생교육 과정 등이 있다.

재취업이나 신규 직업 능력 지원을 위한 직업교육과정은 실직자를 대상으로 새로운 직업이나 재취업에 필요한 기술을 습득할 수 있도록 하는 것이며, 그 비용은 국가 또는 고용보험료에서 부담하고 있으며, 현직 직무역량 교육비용은 사업체 위탁 교육 형태로 운영되고 있다.

일반 자격 과정은 대부분 본인이 부담하여 전문적 능력 및 직업 준비 능력을 배양하고 있다.

자격 및 지도사 교육과정은 일정 기간 이수 후 민간자격증 취득을 통한 교양의 심화 및 취업연계를 위하여 운영되고 있다. 일반교육, 특수교육, 유아교육, 어린이(아동)교육, 독서/논술, 한문관련, 언어 및 화술, 음악, 미술, 무용, 상담, 사회복지, 건강, 스포츠, 미용, 관광문화, 예술 및 공예, 꽃예술, 다도, 주류, 요리, 의상, 경영 및 창업, 법 및 경제, 컴퓨터, 풍수지리, 기타 특수종목 등에 광범위하게 개설되어 있다.

한국국공립대학교평생교육원협의회는 44개(분교 포함) 회원교에서 1,587개, 한국대학평생교육원협의회는 130개(분교포함) 회원교에서 577개의 민간 자격증 발급 과정을 운영하고 있다.

자격증 취득을 위해서는 과정별로 90~135시간의 교육을 이수하고 필기 및 실기시험에 합격하여야 한다.

표 18 _ 한국국공립대학교평생교육원협의회 소속 교육원별 자격종목 등록 현황

(2010.10. 현재)

대학명	종목수	대학명	종목수	대학명	종목수
강릉원주대학교(강릉캠퍼스)	30	대구교육대학교	4	전북대학교	166
강릉원주대학교(원주캠퍼스)	8	목포대학교	89	전주교육대학교	4
강원대학교	19	부경대학교	89	제주교육대학교	26
강원대학교(삼척캠퍼스)	17	부산교육대학교	40	제주대학교	31
경남도립거창대학	17	부산대학교	103	진주교육대학교	1
경남도립남해대학	3	부산대학교(밀양캠퍼스)	13	경남과학기술대학교	55
경북대학교	37	서울교육대학교	22	창원대학교	48
경북대학교(상주캠퍼스)	9	서울과학기술대학교	3	충남대학교	127
경상대학교	97	서울시립대학교	5	충북대학교	44
경인교육대학교	15	순천대학교	45	충주대학교	16
경인교육대학교(경기캠퍼스)	1	안동대학교	18	충주대학교(증평캠퍼스)	2
공주대학교	43	인천대학교	43	한경대학교	9
광주교육대학교	17	인천전문대학	1	한국방송통신대학교	9
군산대학교	72	전남대학교	22	한밭대학교	44
금오공과대학교	29	전남대학교(여수캠퍼스)	94		

〈자료 출처 : (사)한국국공립대학교평생교육원협의회 홈페이지〉

표 19 _ 한국대학평생교육원협의회 소속 교육원별 자격종목 등록 현황

(2010.6. 현재)

대학명	종목수	대학명	종목수	대학명	종목수
가야대학교	2	동원대학	7	영남신학대학교	6
가톨릭대학교	6	동의대학교	1	영동대학교	6
가톨릭상지대학	4	동주대학	2	영산대학교	2
감리교신학대학교	3	루터대학교	2	영진전문대학	7
강남대학교	2	마산대학	8	예원예술대	6
거제대학	5	명신대학교	1	용인송담대학	2
건국대학교(충주)	4	명지대학교	1	우석대학교	10
건양대학교	6	명지전문대학	1	울산과학대학	11
경기대학교	1	목원대학교	3	울산대학교	8
경남대학교	4	목포과학대학	1	원광대학교	21
경동대학교	8	배재대학교	3	위덕대학교	5

경성대학교	1	배화여자대학	3	이화여자대학교	10
경운대학교	4	벽석문화대학	8	인덕대학	1
경희대학교	1	벽성대학	2	인제대학교	1
경희대학교(국제)	7	부산가톨릭대학교	1	인천가톨릭대학교	3
계명대학교	6	부산여자대학	1	인천대학교	2
계명문화대학	6	부산외국어대학교	2	인하대학교	11
계원디자인예술대학	3	부천대학	2	장로회신학대학교	1
관동대학교	6	상명대학교	1	전북과학대학	8
광주대학교	2	상지대학교	6	전주대학교	10
광주여자대학교	12	서강대학교	1	전주비전대학	1
국민대학교	3	서울사회복지대학원대학교	3	제주산업정보대학	1
그리스도대학교	5	서울신학대학교	6	제주한라대학	11
극동대학교	1	서울여자대학교	1	조선대학교	9
극동정보대학	3	서울장신대학교	3	중앙대학교(안성)	1
김해대학	2	서원대학교	6	진주보건대학	1
나사렛대학교	6	서해대학	3	창신대학	9
남서울대학교	1	선문대학교	1	창원전문대학	10
대구가톨릭대학교	9	성결대학교	3	청주대학교	7
대구공업대학	4	성산효대학원대학교	6	총신대학교	1
대구대학교	3	성신여자대학교	14	충청대학	1
대구산업정보대	5	송호대학	1	한국국제대학교	1
대구예술대학교	4	수원여자대학	1	한남대학교	10
대림대학	4	숙명여자대학교	16	한림대학교	1
대전대학교	2	순천향대학교	1	한림성심대	2
대진대학교	6	숭의여자대학	5	한서대학교	4
덕성여자대학교	5	신라대학교	8	한세대학교	1
동국대학교	7	신흥대학	1	한양대학교(안산)	5
동국대학교(경주)	6	아주대학교	10	한양여자대학	4
동남보건대학	12	안산1대학	1	한일장신대학교	3
동덕여자대학	2	안양대학교	4	호남대학교	4
동서울대	1	양산대학	1	호서대학교	3
동신대학교	10	연세대학교	4		
동양대학교	2	영남대학교	4		

〈자료 출처 : (사)한국대학평생교육원협의회, 2010, 『자격증 실무 편람』〉

구분	(사)한국국공립대학교평생교육원협의회	(사)한국대학평생교육원협의회
일반교육 관련종목	21C 여성지도사, 교육연극, 노년(노인)교육, 생각그물지도사, 성교육, 열린교육보조교사, 자녀교육, 청소년교육, 체험학습, 코칭, 특기적성교육, 평생교육, 학급경영설계사	신문활동교육지도사, 예절교육지도사, 노인교육지도사, 특수아동지도사, 글쓰기지도사, 주산활용수학교육사, 한국어지도사
특수교육 관련종목	놀이치료, 독서치료, 무용치료, 미술치료, 색채심리, 아동미술치료, 언어치료, 웃음치료, 원예치료, 음악치료, 장애유아지도, 재활승마, 특수아교육치료, 행동치료	음악치료사, 미술치료사, 놀이치료사, 표준자세 교육지도사, 아동미술치료사, 원예치료사(1급, 2급), 아동미술심리지도사, 미술심리지도사, 태아교육지도사, 음악심리지도사, 원예심리지도사(1급, 2급), 문학심리지도사, 색채심리지도사
유아교육 관련종목	가베(창의력), 몬테소리, 유아교육, 유아국악, 유아놀이, 유아미술, 유아발레, 유아영어, 유아영재교육, 유아음악	유아체육지도사, 프뢰벨가베교육사(1급, 2급), 베이비시터, 한국몬테소리교육사
어린이 (아동) 교육관련 종목	다문화, 동화구연, 미술, 방과후아동지도, 수학, 아동교육, 어린이안전지도, 어린이종이공예, 영어(교육), 영재, 요리, 웅변, 음악, 첨삭지도, 초등과학, 초등국어교과, 초등영어(회화), EQ향상지도사, N.I.E.지도사	방과후아동지도사, 어린이영어지도사, 동화구연지도사, 어린이음악실기지도사, 음악조기교육지도사, 어린이컴퓨터교육지도사, 어린이안전교육지도사, 어린이독서지도사, 어린이중국어지도사, 효교육지도사, 어린이예쁜글씨지도사, 어린이한자교육지도사, 영아교육지도사, 어린이과학지도사, 아동요리교육지도사
독서/ 논술 관련종목	글짓기, 논리논술, 논술, 논술 국어, 독서, 독서논술, 문예창작, 속독(독서), 역사논술, 영어독서, 토론논술	논술지도사, 독서지도사, 글짓기지도사, 속독지도사, 시낭송지도사, 스토리텔링지도사
한문 관련종목	경서강독, 한문(한자교육)	한문지도사
언어및화술관련종목	성서희랍어, 스피치, 프랑스어, 한국어	웅변지도사, 스피치지도사
음악 관련종목	교회음악, 기타, 노래강사, 바이올린, 오카리나, 음악이론, 작곡, 첼로, 플루트, 피아노	CCM지도사, 컴퓨터미디음악기능사(1급, 2급), 전문피아노반주자, 국악실기지도사, 국악실기지도사(풍물), 국악실기지도사(사물놀이), 국악실기지도사(경기민요), 국악실기지도사(판소리), 국악실기지도사(해금), 국악실기지도사(단소대금), 국악실기지도사(가야금병창), 째즈피아노지도사(1급, 2급), 가요전문지도사, 찬양지도자, 동요지도사

미술 관련종목	그림 및 서체, 사진 영상 예술, 서양화, 서예, 소묘, 한국화	아동미술지도사, 생활미술실기지도사, 특수아미술실기지도사(1급, 2급), 사진실기지도사, 예쁜글씨POP레퍼리스트, 북아트지도사
무용 관련종목	무용안무지도, 밸리댄스, 재즈댄스, 초중고무용지도사, 한국(전통)무용, 바이오댄스지도사	한국무용실기지도사, 한국전통무용실기지도사, 밸리댄스지도사(1급, 2급)
상담 관련종목	개인상담, 목회상담, 미래상담, 상담사, 생활역리(사주명리)상담, 심리상담(치료), 아동상담, 역학상담, 자원상담요원, 전문상담, 준상담사, 집단상담, 청소년, 가족심리상담	
사회복지 관련종목	교정복지지도, 노인복지, 사회복지, 자원봉사관리	호스피스전문봉사자, 교정복지사(1급, 2급), 교회복지지도사, 간병사, 장례지도사, 병원서비스매니저, 다문화교육사
건강 관련종목	간병사, 기공, 발건강관리, 봉독요법, 비만관리, 사혈요법, 생활건강, 수기요법, 스포츠마사지, 아로마테라피스트, 영유아마사지, 운동처방, 자연건강생활관리, 자침, 호스피스	스포츠마사지사, 운동처방사(1급, 2급), 인체기유통지도사, 헬스지도사(1급, 2급), 필리티즈지도사, 한약재품질관리사, 노인운동지도사, 타라소테라피지도사, 비만관리지도사
스포츠 관련종목	검도, 골프, 댄스스포츠, 레크리에이션, 무예, 배드민턴, 스포츠트레이너, 승마, 에어로빅, 요가, 필라테스	레크리에이션지도사(1급, 2급), 댄스스포츠지도사(모던 1급, 2급, 3급), 댄스스포츠지도사(라틴 1급, 2급, 3급), 생활무용지도사(2급), 스쿼시지도사, 포크댄스지도사(2급, 3급), 째즈댄스지도사(1급, 2급)
미용 관련종목	메이크업아티스트, 미용아트연구지도사, 미용아트최고경영자, 신부화장전문가, 애견미용, 피부미용관리사	아유르베다 매니저(2급), 경락전문피부미용사, 아로마테라피스트(1급, 2급)
관광문화 관련종목	고미술품감정, 도슨트, 문화유산해설, 숲해설, 인류문화유산해설, 자연환경해설, 향토문화관광가이드	테이블코디네이터, 국내여행영어가이드, 프로캐디, 일본어현지가이드, 일본어국내가이드
예술및 공예 관련종목	닥종이인형, 바느질, 북아트, 비즈공예, 생활도자공예, 선물포장, 알공예, 종이접기, 포크아트, 풍선아트, 한지(전통)공예	종이공예지도사, 무대기획관리사, 전통한지공예사, 조각천침선공예사, 풍선아트, 선물포장지도사, 조명인테리어디자이너, 전통민예공예사
꽃예술 관련종목	경영및창업, 압화, 원예, 토피어리, 화훼장식	플라워디자이너(디자인지도사), 플라워 및 포장디자이너, 플로리스트지도사
다도, 주류, 요리 관련종목	다도.차(茶), 떡가공, 생선회, 유제품가공, 전통병과, 전통음식 한식조리, 전통혼례(폐백)음식, 제과제빵, 출장요리	전통차예절지도사, 전통폐백음식전문가, 칵테일전문가, 와인소믈리에, 푸드서비스매니저(1급, 2급), 다도교육지도사, 푸드스타일리스트, 한국전통음식전문가

의상 관련종목	염색, 패션디자이너, 한복	패션코디네이터
경영 및 창업 관련종목	기업경영, 외식경영	인터넷비즈니스매니저
법및경제 관련종목	경매.공매, 법무/채권관리사, 부동산 상담, 유통관리, 재테크상담사	부동산전문상담사, 채권관리사, 행정정보 사
컴퓨터 관련종목	동영상편집, 인터넷마케팅, 정보검색, 컴퓨터교육, WEB	PC정비사, 생활PC교육지도사, 인터넷망관 리사, 컴퓨터사진기능사, 3D CAD(CATIA) 운영사, 웹컨설턴트, 웹관리사, 네트워크 관리사(1급, 2급), 무선인터넷관리사
풍수지리 관련종목	동양지리평가사, 양택풍수사, 풍수지 리	
기타 특수종목	동물사육, 보석감정, 사서도우미, 성 씨보학지도사, 수화통역, 예절강사, 작 명, 장례, 최면, 친환경농업, 컬러리 스트, 파티플랜, 환경, N.G.O	마이크로로봇운영사, 기기분석사, 건강보 험관리사, 교통사고평가사, 이미지컨설턴 트, 유전체분석사

〈자료 출처 : (사)한국국공립대학교평생교육원협의회, (사)한국대학평생교육원협의회 홈페이
지〉

4) 인문교양 · 문화예술 교육과정

삶의 질이 높아짐에 따라 평생학습과 여가에 대한 인식이 증대되고,
문화와 교양에 대한 지평이 확장됨에 따라 일반교양 및 여가선용을 위
한 프로그램이 대학 평생교육원 프로그램의 주류를 이루고 있다. 지역
별로 수요를 기준으로 대학들이 다양한 일반교양 증진을 위한 과정을
개설하고 있으며, 점차 체계적이고 수준 높은 교육과정을 제공하여 취
미 수준을 넘어 전문적 경지에 이르고 있으며 일부는 자격증 제도로 운
영하고 있다.

인문교양 부문에는 건강심성 프로그램으로 상담치료, 종교교육, 식생
활교육, 생활의료교육, 보건교육 등이 있으며, 기능적 소양 프로그램에
는 역할 수행, 예절교육, 정보인터넷 활용, 생활외국어, 가정생활 교육

등이 있고, 인문학적 교양 프로그램으로 일반문학, 일반교양, 역사 · 전통강좌, 철학 · 행복강좌, 독서강좌 등이 있다.

문화예술 부문에는 문화예술 향상 프로그램으로 음악 · 무용, 미술 · 서예지도, 문화예술관람, 도자기 · 공예, 연극 · 영화 등이 있고, 생활문화예술 프로그램으로 풍선아트, 사진예술, 천연염색, 생활공예, 노래 교실 등이 있고, 레저생활스포츠 프로그램으로 레저활동, 생활 스포츠, 스포츠예술, 수영 · 골프, 벨리댄스, 활쏘기 등이 있다.

5) 시민 참여 교육

시민의식의 증대와 성숙한 시민으로서 사회의 공익적인 것에 기여하고 적극 참여를 위한 교육과정이다.

시민 책무성 프로그램으로 인권, 양성평등, 다문화이해, 환경생태, 주민자치 교육 등이 있고, 시민리더역량 프로그램으로 지역리더양성, 평생학습리더 양성, NPO지도자 과정, 지역문화 해설사 과정 등이 있고, 시민참여활동 프로그램으로 학습 동아리 교육, 평생교육 자원봉사, 환경실천, 평생학습 네트워크 등이 있다.

제5장
대학에서 전문직업인 육성을 위한 생애교육 발전방향

대학에서 전문직업인 육성을 위한 생애교육

대학은 재학생과 졸업생은 물론 일반인들을 대상으로 평생학습사회인 현대 사회에서 필요한 전문직업인 육성과 지속적인 재교육을 실시할 수 있는 생애교육 기반을 충분히 갖추고 있다. 대학은 생애교육 차원에서 개개인 모두가 일을 중심으로 하여 사회와의 통합과정을 거쳐 보람되고 만족될 수 있도록 생활화하는데 실질적인 도움을 줄 수 있는 역량을 갖추고 있으나, 총체적인 노력이 더 필요한 실정이다. 정예화된 우수한 교수 인력과 첨단 교육시설 등 충분하게 구축된 교육 인프라를 효율적으로 활용한다면 국가와 사회 발전은 물론 개개인이 좀 더 만족스럽고 행복한 삶을 누리게 할 수가 있다.

이 글에서는 직업 환경의 변화와 직업교육, 대학에서의 직업탐색과 준비, 대학의 전문직업인 육성기반, 대학에서의 전문직업인 육성을 위한 교육과정으로 구분하여 살펴보았다. 궁극적으로 추구하는 것은 이 모든 기능들을 총체적으로 모아 전문직업인을 육성하고, 생애교육적 의미에서 직업능력 교육 및 강화방안을 모색하는 것이다.

1. 생애교육 수행을 위한 대학의 역할

1차 산업 위주의 경제활동과 사회적 변화가 빠르게 이루어지지 않았던 전통사회에서는 직업을 선택하고 수행하는 과정이 용이하게 이루어졌다. 직업군별로 일정 수준의 지식과 기능을 습득하면 쉽게 직업을 얻을 수 있었고, 직업 능력 향상을 위한 계속 교육을 하지 않아도 평생 동안 직업 생활을 하는데 큰 어려움이 없었다.

오늘날과 같이 급변하는 사회 환경 속에서는 전통적 방식이나 기준에 따라 문제를 해결한다는 것은 현실에 대한 적응을 강조하는 것일 뿐이어서, 문제의 본질적인 면을 찾거나 문제를 해결해 나가는데 별 도움이 되지 않는다. 이를 해결하기 위해서는 사회적 변화만큼 인적자원의 가치관이나 인식 등에 대한 빠른 변화와 혁신이 요구된다. 또한 기업들의 측면에서도 새로운 기술이나 지식을 대학 졸업생이나 사회에 막 진출하는 근로자에게만 의존할 수 없게 되었다. 기업들은 전 생애 주기에 걸쳐서 새로운 지식과 기술을 습득하는 근로자를 필요로 하게 되었다(정석용 외, 2010 : 339).

이와 같이 급격하게 변화해 가고 있는 현대사회의 여러 가지 문제를 능률적으로 해결해 가는 동시에 새로운 발전을 계획하고 추진하기 위해서는 사회의 모든 교육역량을 총 동원할 뿐만 아니라 과거의 비능률적인 교육체제를 혁신적으로 개편하지 않으면 안 된다는 것이 평생학습에서 주장하는 바이다(김충기, 2004:149-150).

이제 누구도 직전교육(職前敎育)이나 어린 시절의 학교 교육만으로 평생을 지탱할 수 없는 사회가 되었고, 어떤 방식으로든지 평생에 걸쳐서 공부하고 학습해야 한다는 당위에 대해서 이의를 제기하는 사람은 거의 없다. 문제는 평생학습을 어디서 어떻게 해야 하는가와 관련된 것이다. 평생학습을 위한 다양한 장(場)들이 이미 우리 사회에도 제공되어 있고, 또 많은 사람들이 혜택을 받고 있지만, 이 시점에서 과연 평생학습이 이전의 학교학습과 같은 형태의 고정된 교육장소를 가져야 하는지에 대해 반성적으로 검토해볼 필요가 있다(김영인 외, 2008 : 321).

평생학습을 통해 직업인들의 관심과 요구에 부응하고 그들의 직업적 능력을 향상시키며 사회와 국가가 요구하는 인적자원개발을 위해 주력할 수 있는 방안이 무엇인지에 대한 부단한 연구와 노력이 요구된다.

지식기반 사회의 등장과 함께 근로자를 고용한 기업이나 회사에서도 근로자의 지속적인 평생학습 체제의 실현을 추구하고 있다. 단순히 대학이나 기업에서 익힌 지식이나 기술만으로는 급변하는 지식사회나 새로운 기술의 도입에 적응할 수 없기 때문이다. 따라서 전 생애에 걸친 지식과 기술의 습득을 근로자에게 요구하게 된 것이다. 이러한 근로자들의 요구는 국가의 교육훈련 제도를 변화시켜 놓았으며, 이에 따라 교육훈련 제도도 근로자들로 하여금 전 생애에 걸쳐서 필요한 지식과 기술을 교육시키는 제도로 변환시키지 않으면 안 되게 되었으며 이러한 변화로 나타난 것이 평생학습이다(정석용 외, 2010 : 341).

여기에서 정의되는 평생학습은 생애교육 차원에서 기존의 지식과 기술을 바탕으로 하여 새로운 지식과 기술을 습득하여 지식과 기술의 범위를 넓히는 것이다. 평생학습은 학교, 훈련센터, 대학교와 같이 정규교육을 포함함은 물론이고, 조직화된 직무상의 훈련과 같은 비정규교육과 가족으로부터의 교육이나 지역공동체의 구성원으로부터 전수된 교육과 같은 비공식 교육도 포함한다. 평생학습은 일정한 연령에 도달했기 때문에 받는 교육이 아니고, 사람들이 필요에 따라서 받는 교육이다. 즉, 필요와 요구에 의한 자기계발을 위한 교육이 되어야 한다. 그러므로 전통적인 교육이 교육기관 중심적 교육이라면, 평생학습은 단순한 성인교육과는 다르다. 그렇다고 평생학습은 전혀 새로운 교육도 아니다. 평생학습은 세계화된 지식경제에서 경쟁력을 향상시키기 위해서 필요할 뿐만 아니라, 민주사회 공동체의 구성원으로서 활동하는데 필요한 정치적, 사회적, 경제적 및 문화적 능력을 향상시키기 위해서도 필요하다(박세일 외, 2007 : 150).

평생학습은 학습자의 수평적, 수직적 이동을 용이하게 할 수 있는 개방적 교육제도로써 직업의 다양성과 유동성의 이해와 효과적 적응을 위한 교육이 가능하다. 또한, 평생학습을 통해서 진학 또는 직업 진로의 선택기준이 학력보다 본인의 적성과 능력에 의존하여야 한다는 특성을 살려 자신의 요구와 관심 분야에 대한 자기학습(self-learning)의 가치와 중요성을 강화할 수 있고 이를 통해 자기계발의 목표를 실현할 수 있다(정석용 외, 2010 : 343).

현대사회에서 능력 있는 전문직업인이 되기 위해서는 기초적인 직업능력을 기반으로 지속적인 계속교육을 통한 역량 강화가 필요하다. 이는 개인은 물론 국가와 사회 발전의 원동력이다. 이를 가장 효율적으로 실시할 수 있는 인적·물적 인프라를 구축하고 있는 대학은 사회와의 유기적 공감대를 형성하는 가운데 효율적인 생애교육 수행을 위한 역할 증대 방안을 모색하여야 한다.

2. 대학에서의 효율적인 생애교육

대학은 순수학문적 특성을 유지·발전시키면서는 역할에 충실하면서도 현대사회가 필요로 하는 우수한 직업전문인을 육성하고 계속교육 실시를 위한 생애교육에도 비중을 높여야 한다. 학·산협력 강화 구조 속에서 산업계의 요구 사항들을 효율적으로 반영하고, 정규교과과정을 탄력적으로 운영하고, 진로교육과 평생교육 과정도 체계적이고 유기적인 운영을 통하여 균형적인 발진을 이루어나가야 할 것이다.

물론 현재 대학들은 직업전문인 육성과 계속교육을 위하여 정규교육과정, 진로교육과정, 평생교육과정 등 다양한 프로그램 운영을 통하여 노력을 경주하고 있지만, 총체적인 연계가 미흡하고, 이를 수행하는 기관간의 연계관계가 미흡한 실정이다.

일단 대학에서의 생애교육적 의미의 직업교육은 재학생을 중심으로 이루어질 수밖에 없는 한계가 있지만, 졸업생들의 계속교육이나 직업 이동에도 도움을 주어야 한다. 생애단계별로 목표를 설정하고 적절한 교육을 받을 수 있도록 체계적이고 적절한 프로그램이 제공되어야 한다.

1) 진로교육 프로그램 제공의 다양화

현재 대학들은 기본적으로 다양한 진로교육 프로그램을 제공하고 있지만 총체적인 검토 없이 산발적, 1회성으로 운영되고 있어서 수강하는 학생들도 혼란을 겪고 있으며, 투자 대비 효과성도 떨어지고 있어서 다양화 및 체계화가 필요하다.

행사 및 프로그램 예고제 시행, 담당자의 전문성 개발, 적절한 예산,

인력, 공간 확보, 정부지원사업과의 효율적인 연계, 상시 취업지원 시스템 구축, 적극적인 관심과 진로 및 취업지원대책을 강구하고, 산학협동 프로그램 운영을 통하여 산업현장을 이해하고 산업계 수요에 맞는 우수인재를 육성하고, 채용기회를 제공하기 위하여 현장체험, 적성개발, 네트워킹 구축, 직장문화체험 등의 활성화를 추구하여야 한다.

사회진출 및 적응 프로그램을 운영하여 재학 중 진로설정 분야에서 직장체험을 통한 취업스킬 향상 및 전공별로 신청자를 선발하여 기업체가 희망하는 학생과 연결하는 기능 강화가 필요하다. 기업과 대학이 교육과정을 공동으로 개발하고, 기업체와 협약하여 특별히 주문하는 교육 내용으로 인재를 양성하는 주문식 맞춤형 프로그램도 필요하다.

대학에 평생지도교수전담제를 실시하여 입학 시부터 지속적·체계적으로 진로설정에서부터 인생설계까지 도움을 줄 수 있는 제도 도입도 필요하다. 대학에 재학 시에는 상시진로시스템을 통하여 대학생활지도 및 진로 컨설팅을 실시하고, 졸업 후에는 경력관리, 승진, 창업 이·전직에 관한 컨설팅 및 다양한 계속교육에 도움을 줄 수 있다.

2) 평생교육 프로그램 제공의 다양화

대학의 평생교육은 교양과 전문화 교육을 동시에 추구하고, 다른 평생교육기관과 차별화된 실용적이고 전문적인 교육프로그램 개발 및 운영으로 실용문화와 전문 자격취득과목으로 특성화하고, 다른 기관과의 공존 및 전문화, 특성화, 차별화 전략을 모색하여야 한다.

미래 지역사회 평생교육의 중핵으로서 지역주민의 교육의 장, 대화의 장, 공동체의 장을 마련하여 지역사회 발전의 중심역할을 할 수 있는 프로그램을 개발 추진하고 명예학생제도, 수료생 중심의 학습동아리 운영, 원우회 조직 등으로 지역민의 유대감을 형성하고 대학 위상을 강화시켜 나가야 한다.

또한 대학평생교육은 대학체제와 체계의 전체적인 관점에서 방향이 설정되고, 세계적인 관점과 지역적인 특성을 조화하도록 하여야 하며, 대학평생교육의 방향은 교육인구 변화와 대학교육인구의 변화에 따라 기본방향이 설정되어야 하고, 대학평생교육은 직업구조의 분화와 기술변동을 감안하여 프로그램 설정에 있어 전문계속교육(professional continuing education)을 강화시켜야 하고, 대학평생교육은 가정해체현상과 여성의 사회 진출, 그리고 제도적 사회화가 필요한 교육과 관련된 프로그램을 강화하여야 하고, 산학연 차원에서의 프로그램이 개설되어야 한다.

특히 학점은행제 활성화로 전문적인 자기발전의 기회를 부여하고 지역기관과 연계한 위탁교육 사업 진행으로 다양한 참여가 유도되어야 한다.

3) 유기적인 연계시스템 구축

대학에서 생애교육이 효율적으로 이루어지기 위해서는 학·내외 기관과의 유기적인 연계가 필요하다.

학내에서 연계 모색방안으로는 교육과 관련이 있는 학사관련부서, 산학협력부서, 어학교육부서, 정보화부서, 대외협력부서, 평생교육부서 등이 참여하여 진로 지원 계획 수립, 진로 교육과정 운영, 취업 지원 및 추천, 평생교육 방향 정립 및 추진 등에 공동으로 참여해야 한다.

외부적으로는 국가기관(단체) 및 지방 자치단체와 협력하여 다양한 교육프로그램 개발·운영하고 평생종합정보 시스템 구축을 통한 지역학습센터로서의 역할을 수행하여야 한다.

3. 대학에서 생애교육 발전방향

과거에는 기초교육 정도로도 직업생활을 하는데 큰 어려움이 없었으나, 이제는 모든 분야가 고도화되어 있어서 대부분 직업을 취득, 수행하는 데는 높은 수준의 지식을 요구하고 있어서 대학이 이런 기능들을 충족해 주어야 한다.

어디까지나 직업에 적응할 수 있는 제반지식과 기술의 습득·응용·가치관·제도함양·사명감·직업윤리 등 직업에 임할 수 있는 적합한 소양교육을 받아야 한다. 그렇다고 교양교육이나 인격교육을 등한시 한다는 것은 절대 아니다. 만족스런 직업생활을 유지하기 위해서는 일상생활에 필요한 교양교육도 필요하고, 인격교육·도덕교육·창의성 교육·판단력도 요구되는 것이다. 일생을 통하여 주어진 환경에서 올바르게 만족하고 행복감을 맞보기 위한 직업을 선택하여 자기완성의 장으로 의미를 찾기 위해 계획된 진로교육을 철저히 수행하여야 할 것이다. 이런 의미에서 앞으로의 대학교육은 광의의 직업교육을 핵심으로 하여 학문의 탐구와 탐색이 필요하며 실용성을 감안하여 유능한 능력자를 길러야 할 것이다(김충기, 2005 : 493-494).

대학에서는 현대사회가 바라는 바람직한 인성과 우수한 역량을 갖춘 전문적인 인재를 육성하고 계속교육을 실시하여야 한다. 따라서 대학에서는 전통적 의미의 대학의 역할에도 충실하면서도 교육과정의 조화로운 편성과 모든 역량을 최대한 활용하여 생애교육을 효율적으로 실시하여야 할 것이다.

대학은 재학생은 물론 졸업생과 일반인들을 대상으로 전문직업인 양성과 계속교육을 위해서는 산업인력 수요에 따라 다양하면서도 특성화 유형을 정립하여 교육프로그램 및 교육방식에 대한 차별화가 필요하다.

전공 특성화 및 실용교육 제고를 위하여 기업과의 협약 프로그램을 실시, 산학연계 교육강화, 인턴십 등의 활성화가 요구되며, 특히 지방대학들은 지역산업계와의 긴밀한 연계가 필요하다.

전문직업인 양성과 지속적인 발전을 위한 지원을 위해서는 관련 교육 시스템의 체계화·전문화가 선행되고 교내·외 관련 부서간의 유기적인 연계가 필요하며, 국가와 사회는 인적자원의 개발과 발전을 위한 장기적인 비전 제시와 정책수립 및 지원이 이루어져야 한다.

대학에서 전 국민을 대상으로 보다 나은 직업 선택과 발전의 기회를 부여해 주기 위해 순수 학문발전과 아울러 생애교육이 충실하게 이루어질 수 있도록 학사제도 개편 및 관리의 내실화가 선행되는 가운데 다양하고 총체적인 직업교육을 실시될 수 있는 체제 구축 및 운영이 필요하다.

현대 사회에서 직업의 세계는 부단한 변화 속에서 고도의 전문성이 요구되고 있다. 따라서 직업전문인 양성과 평생 동안 지속적인 직업능력 개발을 위한 대학의 책무성 확대와 효율적인 실행이 이루어져야 할 것이다.

부록 1
세상을 바꾸는 1천개의 직업

대학에서 전문직업인 육성을 위한 생애교육

이 자료는 희망제작소(http://www.makehope.org/)에서 2010년 9월 11일 한국의 대표적인 소셜 디자이너 박원순이 제시한 청춘비상 프로젝트 "세상을 바꾸는 1천개의 직업" 내용이다.
일반화에서 벗어나 독창적인 직업세계에서 세상을 바꾸어보자.

1. 현재사회의 재설계

구분	직업명
블루오션, 농촌으로 가라	민박-한국판 B&B 사업가, 휴가촌장, 이색호텔 CEO, 유랑민박 대표, 한옥관리사, 한옥전국네트워크 대표, 기와연구소장, 온돌연구소장, 유네스코 문화유산 연구소장, 산촌유학운영자, 청소년치유농장 운영가, 〈농약없는나라 : no pesticide〉 운동가, 공방형 핸드메이드 식품업자, 된장공방 CEO, 농산물 고유브랜드 사업자, 명품 한우 사육사, 양조장사업가, 와이너리 운영자, 유기농 와인 판매상, 배와인, 옥수수와인, 호박와인 제조자, 대한민국 최초의 보드카회사 설립자, 농부시장 개설업자, 국도변휴게소 점장, 미니어처과수농원 운영자, 농촌일손뱅크 운영자, 한국판 워킹홀리데이 단체 대표, 농촌유휴공간 디렉터, 폐가 콘도미니엄 사업가, 못난이과일가게 대표, 농촌기획자, 마을간사, 농업발명가, 농촌 자동차운전면허학원장, 농가레스토랑 CEO, 경관농업가, 종자연구소장, 종자뱅크 대표, 〈용문산 더덕〉 대표, 텃밭농원 디자이너, 농촌체험장 운영업자, 농지임대 시민농원 운영자, 농촌생활지원센터장, 농촌정착기금 운영자, 농촌정보플라자 대표, 농어촌귀농자를 위한 전문잡지 사장, 안테나샵 운영자, 지역농산사용량조사사원, 도농교류전문가, 도시-농촌마을 결

	연사업 전문가, 밥박물관장, 농촌지원전문재단 이사장, 영농법인 전문컨설턴트, 대학생이장, 농어촌지역 쓰레기투기 감시원
커뮤니티 비즈니스가 뜬다	지역특산가공식품생산자, 토종벌꿀 판매상, 지역특산물 스토리텔러, 약초세상 CEO, 천연재료추출식품생산자, 조청식품개발자, 능금사이더 판매업자, 전통채식연구소장, 나물마을 가꾸미, 침뜸운동가, 전통문화상품가게, 전통제사패키지관광사 대표, 사베공장 CEO, 향토공계물품 판매업자, 전통한방찜질방 운영자, 청려장 제작자, 커뮤니티비즈니스 전문가, 커뮤니티비즈니스 저술가, 커뮤니티비즈니스 박람회 조직가, 지역향토자산 포탈사이트 운영자
소믈리에를 아시나요?	한국소믈리에협회장, 우리술 소믈리에, 우리술 종합백화점 CEO, 채소 소믈리에, 물 소믈리에, 워터숍 CEO, 간장, 된장, 고추장 소믈리에, 장 백화점 CEO, (주)글로벌된장 CEO, 젓갈 소믈리에, 천연전통 조미료 생산자, 조미료 소믈리에, 콩 소믈리에, 콩제품화연구소장, 밥(상) 소믈리에, 죽 소믈리에
유통 & 서비스의 혁신	음식점 내 식품판매 숍인숍 CEO, 농민생산물 대행판매사, 자연 뷔페식당 운영자, 카탈로그 상품판매사, 고객맞춤상품 선별가, 농산물직매사, 복지용구총집합 카탈로그사업, NGO서포트상품 카탈로그사업, 소매상품 유통컨설턴트, 출장법률자문 변호사, 세무사
하나의 작은 아이템에 대한 모든 것	담배백화점 운영자, 케이크전문점 운영자, 초콜릿 전문점 운영자, 독일소시지전문점 운영자, 향 전문가게 운영자, 살롱형 전문가게 운영자
문화예술, 새로운 일자리의 보고	예술매개 세대교류 사업가, 아트 뱅크 운영가, 서커스단장, 서커스학교설립운동가, 다큐멘터리 감독, 녹색의 전도사가 되는 공연자, 예술상품 제작자, 프리미엄 사진 스튜디오 운영자, 백남준 전문가게 대표, 피카소미술전문가게 대표, 빈민촌 오케스트라 운영자, 수인들의 합창단장, 매장배경음악 전문가, 벽화전문가, 거리의악사, 거리의연극인, 거주용 배 제작자, 분수예술가, 예술적 노상카페 운영자, 공공의자 디자이너, 도시보물제작사, 지역가수 에이전트, 문화복덕방 운영자, 세계전통/민속음악 전문카페, 이동 마을영화관 사업자, 아트타운 기획자, 공항 전통 장인들의 샵 운영자, 1.1.1.1.1 운동가(51운동)
디자인이 세상을 바꾼다	문방구디자인사업, 우산전문디자이너, 칼 디자이너, 가방디자이너, 상업용가방디자이너, 방향제 전문가, 라벤다 사업가, 수납장 전문가, 컨테이너 스토어 운영자, 전문 수납함 제작자, 컵 디자이너, 주변환경정리 전문가 서재 제작자, 박스 디자이너, 디자인브랜드 기획자, 도예품 제작자, 공예품 운영자, 현대 전통공예품 제작판매자, 디자인상품 전문판매점, 소외계층을 위한 디자이너, 일상삶 속의 디자이너, 전문 핸드메이드 디자이너, 티셔츠 디자이너, 명함디자이너, 개성적인 달력디자이너, 설탕예술품 디자이너, 변기 디자이너, 구두 디자이너, 보도/보도블록 디자이너, 벽지 디자이너, 책상&의자 디자이너, 침대디자이너, 예술간판 디자이너, 놀이터 디자이너, 놀이터 관리전문가, 쓰레기통 디자이너, 친환경적 어린이놀이기구 디자이너
도시 디자인이 뜬다	예술도시조성전문가, 스카이라인 조성가, 거리조경사, 거리화단입양관리사, 가로수 디자이너, 도시녹색재생사, 스트리트 퍼니처 제작전문가, 자기집 앞 꾸미기 운동가, 한울타리운동가, 예쁜서터만들기 운동가, 시가 있는 건축물 디자이너, 재미나고 유익한 공공시설물 제작·설치 전문회사, 테마파크 디자이너, 역사유적전문사업가, 조각상설치전문가, 도심거리 안내판·표지판 디자이너, 도시재생전문가, 바람길디자이너, 가로등 디자이너, 시민공간 설계자, 아파트 설계전문가, 도시비교연구가, 마을공동체 컨설턴트, 간판 디자이너
건강 분야를 놓치지 마라	조상·가계 계보기록 전문가, 댄스치료사, 웰니스코치, 여가생활상담원, 유아 양육 코디네이터, 아토피 전문치료사·아토피 전문클리닉, 입양사후관리원, 복지주거환경 코디네이터, 호흡관리사, 베개 디자이너, 약 과다복용 컨설턴트, 구취측정사, 수

	면환경 평가 전문사, 심혈관기사, 장기기증운동가, 공연 피지컬 테라피스트, 환자들을 위한 병원놀이 전문가, 걷기운동가, 스트레스 해결사, 우울증 발견사, 홧병치유사, 심신치유를 위한 국민정원운동가, 희망전도사, 민간요법전문가, 식이요법 전문가, 자연치유사, 휴식전문가, 인상학전문가, 환자를 찾아가는 왕진의사, 동네주치의, 전국 병의원, 의사 디렉토리 운영자
더 나은 사회를 위한 토지와 주거	토지헌납운동가, 이동식 행복하우스 설계자, 세컨드하우스헌터, 홈닥터, 토탈리빙 디자이너, 심플라이프 플래너, 아파트관리비 감시요원, 패시브하우스 설계사, 주택협동조합 운동가, 주민참여형 재개발사업가, 공동주택운동가, 빈집 지킴이, 〈집 바꾸어 살기〉 사이트 운영자, 영성의 공동체마을 디자이너
음식천국을 만든다	대한민국 최고의 쉐프, 핸드메이드 요리사, 신뢰받는 요리사, '타국의 음식을 우리나라로' 쉐프, 땅에서 식탁으로의 바로바로 중개자, 야채 소믈리에, 불치병환자들을 위한 음식컨설턴트, 개인 음식점 개선 전문 컨설턴트, 소스 전문 개발회사, 과자 디자이너, 떡 디자이너, 와인 디자이너, 음식, 요리전문방송 제작자, 요리전문방송인, 채식전문가, 전국 맛집 평가원, 요리119 운영자, 음식천국 도시 제작자, 쉐프 헤드헌터
마을이 우주다	사투리 전문가, 구술역사채록전문가, 마을조사사업가, 전통 살리기 보존 사업가, 아름다운 마을 경진대회 주최자, 마을문제 해결사, 마을축제기획자, 마을의 공간 창조자, 문당리 주식회사, 생태적 도시락 사업자, 도시락디자이너, 통반장학교/이장학교 교육가, 주민자치센터 교육 기획자, 마을신문 발행인, 전국 마을 사전 편찬 사업가, 전통마을 보존 활용 운동가, 마을종합개발회사 창립자, 지역공동체기획가
통일을 준비하자	남북한 부동산과 재산을 찾아주는 회사 CEO, 이산가족 찾아주는 전문회사 CEO, 분단상징물 수집가, 북한박물관장, 북한지역 문화유산특구지정 운동, 통일후 한국사회 전문가, 전세계 한글학교를 지원하는 종합센터장, 전세계한인청년연합회장, 코리언 루트 개발자, 여행사 운영사업자, 해외동포2세 국내 연수과정 기획사, 한인 상품가게 운영자, 고려인무역아카데미 원장, 해외동포SOS기금 운영자, 민족독립운동가지원재단 이사장, 세계주요도시에 한국전통 한옥&정자 기부운동가, 민족독립운동 지원 외국인, 후손 지원 재단 이사장, 대한민국 외국인 사외(며느리)지원단체 대표, 한인발전재단 설립자, 국제문화회관 운영자, 한민족연구원 · 박물관 · 연수원 대표, 코리안 디아스포라 박물관 대표, 해외부동산 전문회사 대표
국제사회로	다문화가정 지원센터 운영자, 버마민주화운동서포터즈, 외국인의 한국생활 디렉터, 외국인119 콜센터, 소수민족전문가, 해외진출기업 감사원, 맞춤여행사 대표, 국제행사유치 전문가, 지방자치단체의 국제사업전문가, 지방자치단체의 자매도시 결연사업 전문가, 자연유산 홍보가, 지역전문가, 세계도시전문가, 국가별 포털 디자이너, 아시아연구가, 소수민족 전문가, 한국신문의 국제면 감사원, 해외공관감시단체장, ODA해외원조 전문가, 동네단위의 제3세계 지원사업가, 글로벌 에티켓 강사
인문학도 직업을 준다	전기작가, 자서전대행작가, 저술가, 공동저술프로젝트 담당자, 작가학교장, 전문인터뷰어, 인터뷰 전문 포탈운영자, 공익출판기금재단 운영자, 길거리 헌책방 주인, 책수색가, 책사냥꾼, 기차역 이동독서대출가, 인문학강사 파견업가, 인문학가페주인장, 인문학 컨설턴트(지적성장매니저), 문학의 집 운영자, 시낭송교실 운영자, 책 읽어주는 사람, 언어의연금술사, 소수언어 번역가, 문맹제로 활동가, 한학자, 고전 번역가
종교와 문명에 길을 묻다	이슬람학자, 이슬람사회문화 전문가, 이슬람포탈운영가, 유태인, 이스라엘 전문가, 위구르학자, 종교물품디자이너, 종교단체 사회공헌연구원
박물관은 현재와 미래의 보물	박물관운동가, 뮤지엄샵 운영자, 오픈하우스서울 기획연출가, 현대사 중요인물 박물관운동가, 우리동네박물관 설립운동가, 문중박물관/가족박물관장, 박물관모금 전문가, 스페셜 박물관 운영가, 박물관큐레이터, 소도구 창고센터 운영가

교육은 직업창출의 요람	명예교사뱅크 CEO, 통합서무주식회사 운영가, 지구별어린이&글로벌대학생중개인, 중고교생들의 사회공헌 자문사업가, 향토교재연구가, 교장직무도움이, 맞춤형 리더십 교육센터 CEO, 교육컨설턴트, 국제교육전문교재·교구제작판매사업가, 지구촌 시민양성가, 미디어활동교육 전문가, 청소년 캠프 전문 사회적기업가, 현장학습전문디자이너, 창조학교 운동가, 학교건물건축연구가, 교육환경개선사, 〈우물밖세상〉 교사해이연수 전문여행사 운영자, 〈교육천하〉 포털 운영자, 전국 평생학습기관연합/평생학습전문컨설턴트, 〈국민강사단〉 운영자, 온국민강사되기 사이트제작자, 에코스쿨운영가, 대안대학설립가, 공간디렉터
책과 도서관으로도 수백개의 직업을	기념도서관설치전문회사 CEO, 환경전문도서관 설립운영자, 전문도서관 설립코디네이터, 도서관을 위한 전문 모금회사 운영자, 이동도서관 운영자, 책 대여 택배시스템 사업가, 인터넷 도서대여사업가, 책 요약사, 독서시민혁명운동가, 개인 문헌·문서 보관소 운동가, 병영도서관운동가, 고도서·고문서복원전문가
기업은 일자리의 보고	산업잠수사, 스타터 컨설턴트, 소기업연합회 창설자, 중소기업·자영업에 대한 사회적인턴제도 중개사, 기업천국 대한민국 대표, 거래업체 부당행위 감시센터장, 주주총회 컨설턴트, 사회적팽처리전문가, 벼룩시장개설업자, 상점가 활성화 전문가, 상점가 지도&상점가홍보물 전문기업가, 상가연합회 전문지원사업가, 상점 컨설턴트, 왕중왕숍운영자, 노포(오래된점포) 디렉토리 제작자, 기업 사외이사 교육 전문기관 CEO
새로운 관광미래를 통찰한다	특색있는 관광교통수단 개발자, 관광용 수륙양용차 개발자, 보넷트 시내버스업체 대표, 배관련사업가, 크루즈여행가, 기차여행전문가, 자전거여행가, 모든 섬여행가, 음식기행전문가, 캠핑카제조 및 판매업자, 스파 매니저, 개성시대를 열어가는 여행PLANNER, 시베리아 여행업·관광업·레저업 사업가, 역사인물들의 답사여행전문가, 학습여행운영자, 문화유산해설가 심화교육기관 운영자, 한국이 낯선 여행자 매니저, 외국인을 위한 워킹홀리데이 단체 대표, 국제회의 참가자 투어 매니저, 한·일해저터널의 기획자, 연해주 전문가, 숨은 투어코스 개발자, 대통령유적전문가, 봉화마을 여행사, 관광지 스토리텔링 사이트 운영자, 광역시 호화청사 관광자원개발자, 간이역 전문가, 폐교전문가, 등대전문가, 바다의 에버랜드 기획자, 웨딩디자이너, 산업유적 전문가, 관광컨설턴트, 소셜미디어 관광마케터, 독일여행을 위한 사전편찬자, 특별여행 프로젝트 기획가

2. 미래의 유망사업

구분	직업명
녹색 틈새사업에 도전하라	태양열조리기산업가, 태양광발전설비업자, 대안에너지 교육전문가, 그린뱅크 은행장, 스마트 그리드 엔지니어, 탄소배출권거래 중개인, 그린빌딩인증 전문가, 그린거리·그린지구·그린주택가 설계사, 바다환경미화원, 에너지자립농장 설계사, 신도시 탄소중립도시 전문컨설턴트, 대안에너지를 위한 시민기금 운영자, 자연에너지사업 융자은행장, 친환경사업뱅크사업조합장, 지속가능 경영 코디네이터, 에코라이프 디자이너, 탄소발자국 디자이너, 탄소은행장, 환경지수 평가원, 가정 에코 컨설턴트, 친환경상품 디렉터, 에너지절약상품판매상, 에코마케팅 전문가, 의복 대여점 운영가, 이동형머그잔 발명가, 친환경콘서트, 이벤트전문가, 시멘트 제거사, 도시농업설계사, 비오톱 관리사, 정원공구, 기자재전문점 CEO, 친환경벽돌회사 CEO, 천연화장품회사 CEO

경제적이고 친환경적인 렌탈사업	식기렌탈업자, 영상기대여업자, 게임도구렌탈업자
신시대의 녹색·환경운동가	환경포탈 운영자, 조도 조사원, 온도 조사원, 어린이환경교육전문가, 환경·생태교육 기자재 전문생산자, 멸종동물복원/멸종위기종보호 사업가, 사막녹화운동가 DMZ보존운동가, 지하수보존운동가, 빗물사용 전문가, 생태화장실 전문가, 포장지 줄이기 전문운동가
말없는 식물이 일자리를 만들어주다	경제림 컨설턴트, 정원사업가, 화분관리사, 식물병원장, 베란다정원사, 이끼회사 CEO, 접목선인장 생산자, 도심의 숲 디자이너, 나무디렉토리 운영자, 나무숲 투어 해설가, 숲학교 설립, 운영자, 노거수관리재단 운영자, 특수식물수입·판매상, 나무를 심는 사람들
새로운 교통수단	자전거 연수원, 자동차안전운행연수원, 카풀, 카쉐어링 운동가, 자전거지도 제작자, 자전거공방 운영자, 자전거대여업자, 자전거 벼룩시장 개설자, 자전거운송회사 CEO, 새로운 교통수단 개발자·판매자, 사람의길 만들기 전문가
리싸이클은 시대의 트렌드	신소재 생수 물병 발명가, 소방호스 재활용가, KTX시트 재활용전문가, 폐기물 수선·재생사, 케이블관리사, 폐기물 분류사, 폐타이어 재활용 전문가, 리싸이클 아티스트, 폐품으로 만든 예술품 박물관 설립자, 에코노트제작자, 재생용지메이커, 재생용지활용인쇄소 운영자, 재활용센터개혁가, 폐박스활용 모바일박스 제작자, 전국 맥가이버(재활용달인)협회장, 업사이클 디자이너, 예술작품 교환장터 개설자, 이사세일(개라지세일)촉매사, 액세서리 교환사
혼자서 하는 기업, 고용창출의 보고	이동식카페테리아 사업가, 웨건비즈니스 CEO, 자동차개조전문가, SOHO사업 컨설턴트, 주부를 위한 SOHO지원가, SOHO전문신문·잡지·포탈 운영자, SOHO벤처 칼리지(대학)운영자
구석구석이 일자리고 직업입니다	생활정보상담사, 시간관리사, 몸치개선 전문가, 병원·의사 가이드, 좋은 변호사·법무사 가이드, 전국 호텔·유스호스텔·숙박업소 가이드, 선물매니저, 포장전문가, 생활개혁시민모임활동가, 보디가드, 모험가이드
동물도 인간에게 일자리를 준다	애견 테라피스트, 애완동물 심리치료사, 애견제빵사, 동물학대방지 전문가, 싱글들을 위한 애완동물 보호소, 반려견 공원 전문가, 기죽 없는 구두세상 CEO, 동물권익보호전문가, 동물복지전문가, 한국동물해방전선 대표
행복세상을 실현하다	행복 컨설턴트, 미담신문, 〈굿뉴스〉제작자, 지역화폐운동가, 〈하나만 바꾸세요〉 운동가, 삶속의 명사운동 전문가, 퇴근 후 생활 코디네이터, 줄세우기 운동가, 생활용품렌탈회사 운영자, 양심운동가, 음주문화개선운동가 - 폭소클럽, 공원 DJ, 공원디자이너, 날지정운동가
개별적이고 다양한 맞춤 서비스	취직고민해결사, 아이템파인더, 좋은 물건 소개하는 사람, 스타일변화사, 코디 어드바이저, 라이프스타일 컨설턴트, 내아이 스타일 디사이너, 아이들의 공부방 꾸밈이, 외국인들의 주거 전문가, 우리집 전문가, 가계재정 컨설턴트, 가계부채 해결사, 데이터119 운영자
관계학의 세계	네트워크 전문가, 고부갈등 해결사, 행복한 시어머니 컨설턴트, 배우자 학교 어드바이저, 국제결혼자를 위한 전문 카운슬러, 내아이 잘키우는 학교장, 실연자 위로 어드바이져, 이혼플래너, 애인학교 교장, 연인을 위한 쇼핑몰 CEO, 배우자를 잃은 사람들을 위한 컨설턴트, 자살예방컨설턴트, 사람을 잘 사귀는 학교 관계학 어드바이져, 말벗 전문가, 대화전문가, 싱글족 생활 컨설턴트, 쌍둥이 연합 단체 책임자, 홀어머니를 위한 응원 도우미, 독거노인을 위한 상담 도우미, 한 풀어주는 심리 치

	료사, 가족대행 사업가, 바쁜 자식들을 위한 효도 대행 기획사, 동성연애자의 천국 기획자, 사랑의 탐정가, 어른학교장, 중년학교장, 시니어학교장, 남편학교, 아내학교 교장, 신도학교장, 멘토링 오거나이저, 성격바꾸미, 소비자에게 믿음 주는 물건 제작자, 전업주부의 효율적 가사처리를 위한 전문가, 사회생활 컨설턴트, 회원제 살롱, 클럽 메이커
싱글족을 위한 사업들	싱글족을 위한 전용 의사, 싱글족을 위한 심부름 센터 기획자, 싱글들을 위한 생존학교 어드바이져, 싱글들을 위한 가구·인테리어 전문가, 싱글들의 생활협동조합 위원장
지식사업이 뜬다	인기강사, 강연디렉터, 인포그래픽디자이너/응용통계전문가, 정보 헌터, 지식가공사, 지식경영학자, 기록컨설턴트, 독서노트작성전문가, 연감/디렉토리 사업가, 잡학서지 전문가, 사전 시리즈 제작자, 지식의 매트릭스 사업가, 메가트랜드 전문가, 대안에너지 전문사업가, 비교문명학자, 미래예측학자, 트랜드 리더
아주 특별한 상품들	커피+식초 제품 판매상, 기상천외한 쇼핑백 생산자, 대학기념품 판매상, 신종아이스박스 생산자, 신개념 휴지 생산자, 태양광에너지생산, 가방회사 대표, 음료수병 생산회사 대표, 1/2프로젝트를 실천하는 병
샘솟는 아이디어, 새로운 직업의 원천	사이드카 장사, 놀이디자이너, 길 디자이너, 스포츠용품전문세탁소운영자, 남성을 위한 뷰티샵, 클럽 메드 호스트, 독특한 관광상품개발자, 공간 마케터, 명상과 치유의 공간 콘도미니엄 체인 운영자, 진화하는 도서관 운영자, 백서 운동가, 아이디어 박물관 운영자, 아이디어 비엔날레 기획자, 대중의 의견에 따라 만드는 의상 판매자, 수집가, 수집가들을 위한 잡지 발행인, 수집가 카페 운영자, 수집가들을 위한 지원기관 설립가, 소비자평가센터 운영가, 상상기계제작소 CEO
21세기는 소셜미디어·디지털시대	어플리케이션 개발자, 소셜미디어 컨설턴트, 소셜미디어 마케터, 소셜미디어 광고 전문가, 소셜미디어 전문강사, 옥셔너, 소셜미디어를 통한 모금전문가, 웹사이트 네비게이터, 사이버 기상캐스터, 브로디즌, 영상아카이브 제작운영자

3. 소셜 비즈니스

구분	직업명
공공기관에도 이런 직업과 프로젝트가!	공공기관개방가이드사업 전문가, 정부기관 혁신연구소 연구원, 민간이양업무 설계 사무소 연구원, 임명·선출직 공무원 교육 전문가, 마을 비상연락망 운동가, 공공기관의 기념상품 제작·판매업자, 공공디자이너, 시민옴부즈만, 시민들의 눈에 비친 경찰 알리미, 행정프로세스 평가사, 변호사 사무원 전문 양성가, 국회의원 보좌관·국회 사무직 전문 양성가
민주주의, 가야 할 길이 멉니다	주민소통전문가, 만민공동회-한국형 타운미팅 설계사, 풀뿌리 민족주의 지표 개발, 측정, 발표가, 온라인투표사업가, 사회창안사업가, 아이디어 경매인, 시민법정 운영자, 표현의 자유 애뉴얼 리포트 발간사업가, 창조적시위디자이너, 공공시설 하자 감시전문가, 젊은시장 육성가, 한국판 마츠시다 정경숙 운영자, 지역의 풀뿌리 리더 교육가, 시민정신재단사업가, 토론기술연구전문가, 아시아민주주의연구전문가, 행동하는 시민육성가
장애인을 위한 또다른 일터	장애프리도시 디자이너, 장애인을 위한 지도제작가, 장애인을 위한 맞춤형 제품 디자이너, 친장애빌딩등급관리사, 배려발명가, 장애관련설비 전문가, 장애인 이동권 확장장치 전문가, 다운증후군 사람들의 마을이장, 장애인영화/다큐멘터리 전문 감

	독, 장애인들의 공동체공장 설립전문가, 장애인들로 운영되는 베이커리 CEO, 지체장애인을 위한 ICT집중교육전문가, 장애인 가족을 위한 지원 및 치유전문가, 장애인을 위한 마을조성사업 전문가, 장애인 작업&상품설계사, 장애인을 위한 맞춤형 농장 설치운영자, 장애인을 위한 편의상품점, 장애인을 위한 전문여행사, 장애인을 위한 종합가게 설립·운영, 수급권 전문가, 전국복지지도제작사
어린이와 청소년, 누가 이들을 돌보랴?	아이들을 위한 신세대적 작명가, KID CITY 설계사, 차일드 마인더, 아기위기조언사, 위기상황 아이 케어전문가, 자연친화적인 놀이문화 개발자, 안전·환경적 완구전문가, 예술 장난감 기획자, 어린이 적성 및 미래비전 전문 상담사, 대학과 학과 소개투어 전문가, 집중력 훈련사, 고아/조선가정의 부모되어주기 운동, 실종·유괴 방지 전문가, 사춘기 멘토링 전문가, 가출청소년 전문가, 아동급식소 운영가, 예술센터 운영가, 아이들의 천국 아동종합센터 활동가, 아이들을 위한 인문학교실, 청소년 직업교육 운동가, 아이들을 위한 인권교육 전문가, 청소년 지속가능세상 해결책대공모전 기획자, 해외 청소년 종합지원 전문가, 기러기가족 지원 전문가, 수학여행 비리감시전문가, 국제 청소년 홈스테이 연합 활동가, 청소년교류캠프활동가, 아시아어린이연합 네트워커
대학과 청년들을 위한 삶	대학문화기획자, 국제인턴십제공전문가, 대학생활 전문 컨설턴트, 서울 유학생들의 고충처리센터 활동가, 병무컨설턴트
시니어, 도처가 일자리이다	실버 플래너/실버 컨설턴트, 고령자주택 전문가, 용야시설 거주자 평가사, 시니어 긴급콜 활동가, 노인건강증진사, 노인들의 대안놀이 전문가, 노인들을 위한 독서전문가, 노인정을 위한 콩나물 사업단장, 시니어 문화재지킴이, 마이스타 인증기관장, 시니어 살롱 노인교류센터 활동가, 황혼이혼 전문상담사, 라이프스토리 이야기꾼, 아름다운이별 컨설턴트, 서민장례식장 CEO, 묘지설계사, 명예시민제도 설계운영자, 아름다운이별학교장, 유언전문가, 추모사업전문수행사
사회적 약자와 함께 하는 삶	다문화레스토랑, 어학원, 관광회사 CEO, 입양아를 위한 운동가, 국내입양을 확산하기 위한 운동가, 희귀질병 서포터즈, 농촌여성건강 주치의, 디지털격차 해소 운동가, 아시아유학생지원단체 대표, 임대아파트 활동가, 단전·단수가구를 위한 단비지원가, 성폭력반대운동가, 여성창업을 위한 기금 설립자, 언론으로 인한 명예회복 대변전문가, 사형수를 위한 이별동무, 복지서비스 평가기관, Give HopER
기부로 여는 아름다운 세상	장학재단연합체 코디네이터, 지방징부 설립 재단 전문컨설턴트, 지역재단 문제 해결사, 사회정의와 사회변화를 위한 모금전문가, 콩한쪽도 함께 먹어요!-나눔식당운동가, 착한 음식 전도사, 감사선물 제작자, 〈이 사람을 도와주세요〉 블로그 운영자, 화상, 상처 치료 전문가, 암환자 서포터즈 대표, 나눔교육 전문가, 대안적 게임발명가, 기부 컨설턴트, 명사들의 재능 나눔 컨설턴트, 모금전문가, 비영리재단센터 교육가, 소셜네트워커, 기부사진 포털 운영자, 비영리단체 기금운영 회계사, 비영리단체평가전문가, 모금전문잡지 발행인, 365일 산타, 공공장소 동전 수집가, 1석 2조 매칭방식의 사업가, 유언작성운동가, 인생정리 어드바이저, 퓨너럴 디자이너, 수목장/화장 권장 전문 국민 운동
NGO/NPO를 주목하라	비영리연합기구 사무총장, 비영리단체 실무책임자 교육자, NPO학 연구자, 자원봉사 코디네이터, NPO교육기관 설립자, NPO를 위한 모금전문가, 화상회의 카페 매니저, NPO전문잡지 발행인, NPO살롱 운영자, 세계시민사회 애널리스트, NPO리쿠르트 전문가, NPO 발전 기획가 NPO전문 임대 중개 사업가, NPO 방문기념품 제작자
범죄와 교정을 둘러싼 새로운 직업	성교육전문가, 민간교도소 운영자, 비행청소년 전문 치유사, 가짜 찾는 연구소장, 범죄예방 디렉터, 범죄피해자전문치유사, 범죄 전과자를 위한 주거 설립자, 수형자들에 대한 전문직업 교육 컨설턴트, 범죄경감사업에 대한 투자 기획자

안전사회로 가는 길	여성전용택시, 대리운전 회사 CEO, 안전도시 설계사, 도시의 안전네트워크 설치운영 사업가, 안전교육 어드바이저, 화재예방전문가, 안전시설 암행어사, 미혼여성 생활안전 프로젝트 매니저, 어린이 119 운영자, 사회안전단체연합 기획자
건강한 세상을 지키는 파수견	쉬운 한국어쓰기 운동가, 인터넷워치 파트너, 사찰 감시자, 의정감시전문지 발행자, 예산감시 전문가, 국회의원 스토커, 탐사전문 저널리스트, 불법광고 퇴치 운동가, 정치인 스토커, 부패자 연감 기재자, 시민 사관-현대판 실록을 만들어 역사에 남긴다, 공익소송센터 기획자, 보도블럭전문감시인, 언어지킴이, 공익대변인, 파파라치 전문교육 어드바이저, 상품·서비스 어드바이저, 전문적 소비자전문 정보지 발행인, 폰서비스전문가, 보험회사 보험상품전문비교컨설턴트, 전문직종 수가 분석사, 바가지요금 단속·고발자, 서민생활 보호사, 과장광고 고발자(소비자 지킴이), 소비자정보 개시 요구원, 소비자 대변인, 소비자참여 설계사, 친절교육전문가/친절컨설턴트, 원가조사원, 장애물조사원, 금융기관 수익 추적원, 변호사 감사단 대표
윤리로 돈을 번다	공정무역재단설립운영가, 공정무역타운 지정운영가, 공정무역커피 유통업자, 공정무역에 의한 면화 그리고 의류회사, 공예품의 공정무역업자, 유기농 파스타, 와인, 금 판매업자, 공정무역 초콜릿회사 설립가, 북한공정무역전문회사, 착한 파트너 제3세계 지원가, 지속가능한 어업 인증센터 운영자, 의류의 윤리증 인증사업가, 노동친화기업 컨설턴트, 녹색기업 전환 컨설턴트, ISO26000 획득대행사 CEO, 기업사회공헌컨설턴트, 윤리적투자 전문가, 환경경영전문가, 〈영혼이 있는 기업〉을 위한 공익마케터, 기업과 NPO 네트워크 구축자, 사회공헌보고서 작성대행사, 기업재단협회/기업사회공헌협회 설립자, 정직도시 컨설턴트
사회적기업의 세상	소셜디자이너, 불만합창단 대표, 세상을 바꾸는 요리사, 노숙자를 chef로 훈련시켜여는 까페 운영자, 시각장애인들이 세제 만드는 회사 설립자, 어린이돌보기연대 운영자, 청소년들을 친환경운동가, 생태전문가 사관학교장, 틈새 광고 기획자, 빌딩광고 개척자, 지역명물홍보사업가, 목공소 대표, 목공학교장, 통합분실물센터 대표, 소셜벤처기금, 사회적기업금융기관 대표, 청년사회기업가를 위한 청년사회벤처 운영자, 사회적기업 정보가 집적된 사회적기업포탈사이트 운영자, 사회적기업 잡지 발행인, 제대로 된 사회적기업상창설가, 사회적기업 인증기관 운영자, 사회적기업 디렉토리 구축가, 사회혁신기업가 열전 제작자, 사회적기업 정보교환소 운영자, 사회적기업 관련 외국기관의 지사 설립자, The Hub 운영자, 협동조합 설립자, 의료생협조합연대 설립가, 협동조합방식에 의한 주택문제해결연구소 운영가, 협동조합방식에 의한 주유소 설립운영자

〈자료 출처 : 희망제작소 http://www.makehope.org/〉

자격증 종류

대학에서 전문직업인 육성을 위한 생애교육

자격증은 직업을 수행하기 위한 필수적인 신분증 같은 것은 아니지만, 현대사회에서 직업과 관련된 다양한 요구들이 집약되어 있다.

1. 국가자격

1) 국가기술자격

한국산업인력공단	건축	거푸집기능사, 건축구조기술사, 건축기계설비기술사, 건축기사, 건축도장기능사, 건축목공기능사, 건축목공산업기사, 건축목재시공기능장, 건축산업기사, 건축설비기사, 건축설비산업기사, 건축시공기술사, 건축일반시공기능장, 건축일반시공산업기사, 건축품질시험기술사, 금속재창호기능사, 도배기능사, 미장기능사, 방수기능사, 비계기능사, 실내건축기능사, 실내건축기사, 실내건축산업기사, 온수온돌기능사, 유리시공기능사, 전산응용건축제도기능사, 조적기능사, 조적산업기사, 철근기능사, 타일기능사, 플라스틱창호기능사
	공예	가구제작기능사, 광고도장기능사, 귀금속가공기능사, 귀금속가공기능장, 귀금속가공산업기사, 금속도장기능사, 도자기공예기능사, 목공예기능사, 보석가공기능사, 보석감정사, 석공예기능사, 자수기능사(기계자수), 자수기능사(수자수), 조화공예기능사, 칠기기능사, 패세공기능사

	광업 자원	광산보안기능사(기계분야), 광산보안기능사(전기분야), 광산보안기능사(채광분야), 광산보안기사, 광산보안산업기사, 시추기능사, 자원관리기술사, 화약류관리기사, 화약류관리기술사, 화약류관리산업기사, 화약취급기능사
	교통	교통기사, 교통기술사, 교통산업기사
	국토 개발	도시계획기사, 도시계획기술사, 응용지질기사, 조경기능사, 조경기사, 조경기술사, 조경산업기사, 지적기능사, 지적기사, 지적기술사, 지적산업기사, 지질 및 지반기술사
	금속	금속가공기술사, 금속기사, 금속재료기능장, 금속재료기술사, 금속재료산업기사, 금속재료시험기능사, 누설비파괴검사기사, 방사선비파괴검사기능사, 방사선비파괴검사기사, 방사선비파괴검사산업기사, 비철야금기술사, 비파괴검사기술사, 압연기능사, 압연기능장, 열처리기능사, 와전류비파괴검사기사, 원형기능사, 자기비파괴검사기능사, 자기비파괴검사기사, 자기비파괴검사산업기사, 제강기능사(연속주조작업), 제강기능사(전기로작업), 제강기능사(전로작업), 제강기능장, 제선기능사, 제선기능장, 주조기능사, 주조기능장, 주조산업기사, 철야금기술사, 초음파비파괴검사기능사, 초음파비파괴검사기사, 초음파비파괴검사산업기사, 축로기능사, 침투비파괴검사기능사, 침투비파괴검사기사, 침투비파괴검사산업기사, 표면처리기능사, 표면처리기능장, 표면처리기술사, 표면처리산업기사
	기계	건설기계기관정비기능사, 건설기계기사, 건설기계기술사, 건설기계산업기사, 건설기계정비기능장, 건설기계정비기사, 건설기계정비산업기사, 건설기계차체정비기능사, 공기압축기운전기능사, 공유압기능사, 공조냉동기계기능사, 공조냉동기계기사, 공조냉동기계기술사, 공조냉동기계산업기사, 굴삭기운전기능사, 궤도장비정비기능사, 궤도장비정비기사, 궤도장비정비산업기사, 금형기술사, 금형제작기능장, 기계가공기능장, 기계공정설계기술사, 기계설계기사, 기계설계산업기사, 기계정비기능사, 기계정비산업기사, 기계제작기술사, 기계조립기능사, 기계조립산업기사, 기중기운전기능사, 농기계운전기능사, 농기계정비기능사, 농업기계기사, 농업기계산업기사, 로더운전기능사, 롤러운전기능사, 메카트로닉스기사, 모터그레이더운전기능사, 배관기능사, 배관기능장, 배관설비산업기사, 보일러기능장, 보일러산업기사, 보일러시공기능사, 보일러취급기능사, 불도저운전기능사, 사출금형기능사, 사출금형산업기사, 사출금형설계기사, 산업기계설비기술사, 생산자동화기능사, 생산자동화산업기사, 설비보전기능사, 설비보전기사, 쇄석기운전기능사, 아스팔트피니셔운전기능사, 양화장치운전기능사, 연삭기능사, 용접기능사, 용접기능장, 용접기사, 용접기술사, 용접산업기사, 일반기계기사, 자동차검사기능사, 자동차검사기사, 자동차검사산업기사, 자동차보수도장기능사, 자동차정비기능사, 자동차정비기능장, 자동차정비기사, 자동차정비산업기사, 자동차차체수리기능사, 전산응용기계제도기능사, 전자부품장착(SMT)기능사, 전자부품장착(SMT)산업기사, 정밀측정기능사, 정밀측정산업기사, 제관기능사, 준설선운전기능사, 지게차운전기능사, 차량기술사, 천장크레인운전기능사, 철도운송기능사, 철도운송산업기사, 철도차량기사, 철도차량기술사, 철도차량산업기사, 철도차량정비기능사, 철도차량정비기능장, 치공구설계산업기사, 컴퓨터응용가공산업기사, 컴퓨터응용밀링기능사, 컴퓨터응용선반기능사, 타워크레인운전기능사, 특수용접기능사, 판금기능사, 판금제관기능장, 판금제관산업기사, 프레스금형기능사, 프레스금형산업기사, 프레스금형설계기사
	농림	농림토양평가관리산업기사, 농화학기사, 농화학기술사, 목재가공기능사, 버섯종균기능사, 산림기능사, 산림기능장, 산림기사, 산림기술사, 산림산업기사, 시설원예기사, 시설원예기술사, 시설원예산업기사, 식물보호기사, 식물보호산업기사, 식육처리기능사, 원예기능사, 유기농업기능사, 유기농업기사, 유기농업산업기사,

		임산가공기사, 임산가공산업기사, 임업종묘기능사, 임업종묘기사, 임업종묘산업기사, 종자기능사, 종자기사, 종자기술사, 종자산업기사, 축산기능사, 축산기사, 축산기술사, 축산산업기사, 펄프제지기능사, 화훼장식기능사, 화훼장식기사
	산업 디자인	시각디자인기사, 시각디자인산업기사, 웹디자인기능사, 제품디자인기사, 제품디자인기술사, 제품디자인산업기사, 제품응용모델링기능사, 컬러리스트기사, 컬러리스트산업기사, 컴퓨터그래픽스운용기능사
	산업 응용	공장관리기술사, 광학기능사, 광학기사, 기상기사, 기상예보기술사, 사진기능사, 사진제판기능사, 생물공학기사, 승강기기능사, 승강기기사, 승강기산업기사, 식품가공기능사, 식품기사, 식품기술사, 식품산업기사, 신발류제조기능사, 인쇄기능사, 인쇄기사, 인쇄산업기사, 전자출판기능사, 포장기사, 포장기술사, 포장산업기사, 품질경영기사, 품질경영산업기사, 품질관리기술사, 피아노조율기능사, 피아노조율산업기사
	섬유	방사기술사, 섬유공정기술사, 섬유디자인산업기사, 섬유물리기사, 섬유물리산업기사, 섬유화학기사, 섬유화학산업기사, 양복기능사(양복봉제), 양복기능사(양복패턴), 양복산업기사, 양장기능사(양장봉제), 양장기능사(양장패턴), 염색가공기술사, 염색기능사(날염), 염색기능사(침염), 의류기사, 의류기술사, 패션디자인산업기사, 패션머천다이징산업기사, 한복기능사, 한복산업기사
	안전 관리	가스기능사, 가스기능장, 가스기사, 가스기술사, 가스산업기사, 건설안전기사, 건설안전기술사, 건설안전산업기사, 기계안전기술사, 산업안전기사, 산업안전산업기사, 산업위생관리기사, 산업위생관리기술사, 산업위생관리산업기사, 소방기술사, 소방설비기사(기계분야), 소방설비기사(전기분야), 소방설비산업기사(기계분야), 소방설비산업기사(전기분야), 인간공학기사, 인간공학기술사, 전기안전기술사, 화공안전기술사
	에너지	에너지관리기사, 에너지관리산업기사
	위생	미용사(일반), 미용사(피부), 미용장, 세탁기능사, 이용사, 이용장
	음. 식료품	복어조리기능사, 양식조리기능사, 일식조리기능사, 제과기능사, 제과기능장, 제빵기능사, 조리기능장, 조리산업기사(복어조리), 조리산업기사(양식), 조리산업기사(일식), 조리산업기사(중식), 조리산업기사(한식), 조주기능사, 중식조리기능사, 한식조리기능사
	전기	건축전기설비기술사, 발송배전기술사, 선기공사기사, 전기공사산업기사, 진기기능사, 전기기능장, 전기기사, 전기산업기사, 전기응용기술사, 전기철도기능사, 전기철도기사, 전기철도기술사, 전기철도산업기사, 철도신호기능사, 철도신호기사, 철도신호기술사, 철도신호산업기사
	전문 사무	멀티미디어콘텐츠제작전문가, 사회조사분석사1급, 사회조사분석사2급, 소비자전문상담사1급, 소비자전문상담사2급, 스포츠경영관리사, 임상심리사1급, 임상심리사2급, 직업상담사1급, 직업상담사2급, 컨벤션기획사1급, 컨벤션기획사2급, 텔레마케팅관리사
	전자	반도체설계기사, 반도체설계산업기사, 산업계측제어기술사, 의공기사, 의공산업기사, 의료전자기능사, 전자계산기기능사, 전자계산기기사, 전자계산기기술사, 전자계산기제어산업기사, 전자기기기능사, 전자기기기능장, 전기사, 전자산업기사, 전자응용기술사, 전자캐드기능사
	정보 처리	사무자동화산업기사, 전자계산기조직응용기사, 전자계산조직응용기술사, 정보관리기술사, 정보처리기능사, 정보처리기사, 정보처리산업기사
	조선	동력기계정비기능사, 선체건조기능사, 전산응용조선제도기능사, 조선기사, 조선기술사, 조선산업기사

	토목	건설재료시험기능사, 건설재료시험기사, 건설재료시험산업기사, 농어업토목기술사, 도로및공항기술사, 도화기능사, 보선기능사, 상하수도기술사, 석공기능사, 수자원개발기술사, 전산응용토목제도기능사, 지도제작기능사, 철도기술사, 철도보선기사, 철도보선산업기사, 측량기능사, 측량및지형공간정보기사, 측량및지형공간정보기술사, 측량및지형공간정보산업기사, 콘크리트기능사, 콘크리트기사, 콘크리트산업기사, 토목구조기술사, 토목기사, 토목산업기사, 토목시공기술사, 토목품질시험기술사, 토질및기초기술사, 항공사진기능사, 항만및해안기술사
	통신	정보기기운용기능사, 정보통신기사, 정보통신기술사, 정보통신산업기사, 통신기기기능사, 통신선로기능사, 통신선로산업기사, 통신설비기능장
	항공	항공기관기술사, 항공기관정비기능사, 항공기사, 항공기체기술사, 항공기체정비기능사, 항공산업기사, 항공장비정비기능사, 항공전자정비기능사
	해양	수산양식기능사, 수산양식기사, 수산양식기술사, 수산양식산업기사, 수산제조기사, 수산제조기술사, 수산제조산업기사, 어로기능사, 어로기술사, 어로산업기사, 어업생산관리기사, 잠수기능사, 잠수산업기사, 항로표지기능사, 항로표지기사, 항로표지산업기사, 해양공학기사, 해양기술사, 해양자원개발기사, 해양조사산업기사, 해양환경기사
	화공및세라믹	세라믹기술사, 위험물기능사(제1류), 위험물기능사(제2류), 위험물기능사(제3류), 위험물기능사(제4류), 위험물기능사(제5류), 위험물기능사(제6류), 위험물기능장, 위험물산업기사, 화공기사, 화공기술사, 화공산업기사, 화약류제조기사, 화약류제조산업기사, 화학분석기능사, 화학분석기사
	환경	대기관리기술사, 대기환경기사, 대기환경산업기사, 생물분류기사(동물), 생물분류기사(식물), 소음진동기사, 소음진동기술사, 소음진동산업기사, 수질관리기술사, 수질환경기사, 수질환경산업기사, 자연생태복원기사, 자연생태복원산업기사, 자연환경관리기술사, 토양환경기사, 토양환경기술사, 폐기물처리기사, 폐기물처리기술사, 폐기물처리산업기사, 환경기능사
한국콘텐츠진흥원		게임그래픽전문가, 게임기획전문가, 게임프로그래밍전문가
한국전파진흥원		무선설비기능사, 무선설비기사, 무선설비산업기사, 방송통신기능사, 방송통신기사, 방송통신산업기사, 전파전자기능사, 전파전자기사, 전파전자산업기사, 전파통신기능사, 전파통신기사, 전파통신산업기사
한국광해관리공단		광해방지기사, 광해방지기술사
대한상공회의소		비서1급, 비서2급, 비서3급, 워드프로세서1급, 워드프로세서2급, 워드프로세서3급, 전산회계운용사1급, 전산회계운용사2급, 전산회계운용사 3급, 전자상거래관리사1급, 전자상거래관리사2급, 전자상거래운용사, 컴퓨터활용능력1급, 컴퓨터활용능력2급, 컴퓨터활용능력3급, 한글속기1급, 한글속기2급, 한글속기3급
한국원자력안전기술원		방사선관리기술사, 원자력기사, 원자력발전기술사
영화진흥위원회		영사기능사, 영사산업기사

2) 국가전문자격

보건복지부	간호사, 간호조무사, 물리치료사, 방사선사, 보건교육사, 사회복지사 1급, 안경사, 안마사, 약사, 영양사, 요양보호사, 위생사, 응급구조사, 의무기록사, 의사, 의지보조기기기사, 임상병리사, 작업치료사, 전문의, 정신보건간호사, 정신보건사회복지사, 정신보건임상심리사, 조산사, 치과기공사, 치과위생사, 치과의사, 한약사, 한약업사, 한약조제사, 한의사
환경부	정수시설운영관리사1급, 정수시설운영관리사2급, 정수시설운영관리사3급, 환경측정분석사
고용노동부	공인노무사, 산업안전지도사, 산업위생지도사, 직업능력개발훈련교사
중소기업청	경영지도사(1차공통), 경영지도사(마케팅), 경영지도사(생산관리), 경영지도사(인적자원관리), 경영지도사(재무관리), 기술지도사(1차공통), 기술지도사(금속), 기술지도사(기계), 기술지도사(생명공학), 기술지도사(생산관리), 기술지도사(섬유), 기술지도사(전기전자), 기술지도사(정보처리), 기술지도사(화공), 기술지도사(환경)
경찰청	기계경비지도사, 일반경비지도사, 자동차운전기능검정원, 자동차운전면허, 자동차운전전문강사
공정거래위원회	가맹거래사
소방방재청	소방시설관리사, 소방안전교육사, 화재조사관
교육과학기술부	방사선취급감독자면허, 방사성동위원소취급자일반면허, 방사성동위원소취급자특수면허, 보건교사, 사서교사, 실기교사, 영양교사, 원자로조종감독자면허, 원자로조종사면허, 전문상담교사, 정교사, 준교사, 평생교육사, 핵연료물질취급면허 [감독자], 핵연료물질취급면허 [취급자]
문화체육관광부	경기지도사, 경주선수, 경주심판, 관광통역안내사(독어), 관광통역안내사(러시아어), 관광통역안내사(말레이/인도네시아어), 관광통역안내사(베트남어), 관광통역안내사(불어), 관광통역안내사(스페인어), 관광통역안내사(아랍어), 관광통역안내사(영어), 관광통역안내사(이탈리아어), 관광통역안내사(일본어), 관광통역안내사(중국어), 관광통역안내사(태국어), 국내여행안내사, 무대예술전문인, 박물관및미술관준학예사, 사서, 생활체육지도사, 한국어교육능력검정시험, 호텔경영사, 호텔관리사, 호텔서비스사
농림수산식품부	가축인공수정사, 경매사(수산), 경매사(약용), 경매사(양곡), 경매사(청과), 경매사(축산), 경매사(화훼), 농산물검사원, 농산물품질관리사, 수의사, 환지사
지식경제부	유통관리사
방송통신위원회	무선통신사, 아마츄어무선기사
국토해양부	감정사, 감정평가사, 건축사, 건축사(예비), 검량사, 검수사, 공인중개사, 교통안전관리자, 구명정수, 기관사, 도선사, 물류관리사, 사업용 조종사, 소형선박조종사, 수산질병관리사, 운송용 조종사, 운항사, 의료관리자, 자가용 조종사, 주택관리사보, 철도차량운전면허, 택시운전자격, 통신사, 항공공장정비사, 항공교통관제사, 항공기관사, 항공사, 항공운항관리사, 항공정비사, 항해사, 화물운송종사자
문화재청	문화재수리기능자(가공석공), 문화재수리기능자(대목수), 문화재수리기능자(도금공), 문화재수리기능자(드잡이공), 문화재수리기능자(목조각공), 문화재수리기능자(박제및표본제작공), 문화재수리기능자(번와와공), 문화재수리기능자(보존처리공), 문화재수리기능자(석조각공), 문화재수리기능자(세척공), 문화재수리기능자(소목수), 문화재수리기능자(식물보호공), 문화재수리기능자(실측설계사보), 문화재수리기능자(쌓기석공), 문화재수리기능자(제작와공),

	문화재수리기능자(조경공), 문화재수리기능자(철물공), 문화재수리기능자(칠공), 문화재수리기능자(표구공), 문화재수리기능자(한식미장공), 문화재수리기능자(화공), 문화재수리기능자(훈증공), 문화재수리기술자(단청), 문화재수리기술자(보수), 문화재수리기술자(보존과학), 문화재수리기술자(식물보호), 문화재수리기술자(실측설계), 문화재수리기술자(조경)
관세청	관세사, 보세사
여성가족부	보육교사, 청소년상담사, 청소년지도사
국세청	세무사, 주조사
특허청	변리사
행정안전부	행정사
해양경찰청	동력수상레저기구조종면허
법무부	변호사
법원행정처	법무사
금융위원회	공인회계사, 보험계리사, 보험중계사, 손해사정사

2. 민간자격

1) 국가공인민간자격

(사)대한민국한자교육연구회, 대한검정회	한자 · 한문전문지도사(지도사1,2급, 훈장특급,1,2급), 한자급수자격검정(사범,1급,준1급,2급,준2급)
(사)대한병원행정관리자협회	병원행정사
(사)범국민예의생활 실천운동본부	실천예절지도사
(사)신용정보협회	신용관리사
(사)한국교육문화회	한자급수인증(1,2,3급)
(사)한국국어능력평가협회	한국실용글쓰기검정(1,2,3급)
(사)한국금융연수원	CRA(신용위험분석사), 국제금융역, 신용분석사, 여신심사역, 자산관리사
(사)한국농아인협회	수화통역사
(사)한국분재조합	분재관리사(1,2급,전문관리사)
(사)한국수목보호연구회	수목보호기술자
(사)한국시각장애인연합회	점역교정사(1,2,3급)
(사)한국어문회	한자능력급수(1,2,3,3II급)
(사)한국열관리사협회	지역난방설비관리사
(사)한국외국어평가원	실용영어(PELT)(1,2,3급), 실용한자(1,2,3,4급)
(사)한국정보관리협회	문서실무사(1,2,3,4급)
(사)한국정보통신산업협회	공무원정보이용능력평가(NIT), 디지털정보활용능력(DIAT) (초,중,고급), 리눅스마스터(1,2급), 인터넷정보관리사(전문가,1,2급)
(사)한국정보평가협회	CS Leaders(관리사)(2급), PC Master(정비사)

기관명	자격종목
(사)한국종이접기협회	종이접기마스터
(사)한국직업연구진흥원	샵마스터(3급)
(사)한국평생교육평가원	한국영어검정(TESL)(1,2,2A급), 한국한자검정(1,2,3,준3급)
(사)한국행정관리협회	행정관리사(1,2,3급)
(사)한자교육진흥회	한자실력급수(사범,1,2,3급)
(재)서울대학교발전기금 TEPS관리위원회	TEPS(영어능력검정)(1+,1,2,2+급)
(재)한국언어문화연구원	국어능력인증시험(1급~5급)
(주)삼성SDS	E-TEST Professionals(1,2,3,4급)
(주)이에스피평가아카데미	영어회화능력평가시험(ESPT-성인 1급,2급)
(주)피씨티	PC활용능력평가시험(PCT)(A,B급)
KBS한국방송공사	KBS한국어능력시험(성인:1,2+,2-,3+,3-,4+)
국제뇌교육종합대학원대학교	브레인트레이너
대한글씨검정교육회	펜글씨검정(1,2,3급)
대한상공회의소	CNC기계절삭가공사, FLEX 일본어(1A~3C), FLEX 중국어(1A~3C), FLEX독일어(1A~3C), FLEX스페인어(1A~3C), FLEX영어(1A~3C(9개등급)), FLEX프랑스어(1A~3C), 가구설계제도사, 공작기계절삭가공사, 기계및시스템제어사, 기계설계제도사, 기계전자제어사, 무역영어(1,2,3급), 사출금형제작사, 산업기계정비사, 산업전자기기제작사, 상공회의소 한자(1,2,3급), 자동화설비 제어사, 전기계측제어사, 치공구제작사, 컴퓨터운용사, 프레스금형제작사
대한정보통신기술(합)	정보기술프로젝트관리전문가(IT-PMP)
도로교통공단	도로교통사고감정사
삼일회계법인	재경관리사 회계관리(1,2급)
숙명여자대학교	Mate Speaking(Expert~Moderate Mid), Mate Writing (Expert~Moderate Mid)
와이비엠시사(주)	YBM 商務漢檢
한국 FPSB	재무설계사
한국데이터베이스진흥원	데이터아키텍처전문가(DAP)
한국생산성본부	ERP물류정보관리사, ERP생산정보관리사, ERP인사정보관리사, ERP회계정보관리사, GTQ, 정보기술자격(ITQ)시험(A,B,C급)
한국세무사회	전산세무회계(전산세무1,2급, 전산회계1,2급)
한국열쇠협회	열쇠관리사(1,2급)
한국옥외광고협회	옥외광고사(2급)
한국인터넷진흥원	정보보호전문가(SIS)(1,2급)
한국정보통신자격협회	PC정비사(1,2급), 네트워크관리사(2급)
한국정보화진흥원	정보시스템감리사
한국한자한문능력개발원	한자능력자격(1,2,준2,3급)

2) 등록민간자격

(사)고려닥종이공예협회	닥종이공예(초,중,고급,사범)
(사)국어문화운동본부	국어문장사
(사)국제경호무술연맹	경호지도사
(사)국제댄스스포츠협회	댄스스포츠 라틴(FE(1급), LI(2급), AS(3급)), 댄스스포츠 모던(FE(1급), LI(2급), SO(3급)), 웰빙댄스지도사(1,2,3급)
(사)국제수학어문평가원	국제수학지도사(국제수학지도사 1급~3급), 국제실용수학(1~11급(준포함13개등급/유아1,2,3급)), 국제한자급수(국제한자급수 1급~11급), 국제한자지도사(국제한자지도사 1급~4급)
(사)국제요가협회	요가지도사자격증(1,2,3급)
(사)국제파티벌룬협회	파티플래너(1,2,3급)
(사)기업가치평가협회	기업가치평가사(BV)
(사)다사랑건강가정복지협회	도형 상담사(1급.2급)
(사)다솜여성가족문화예술협회	표현예술상담사(EAC)(1,2,3급)
(사)대한간호협회	보험심사간호사
(사)대한국궁문화협회	국궁지도사자격(1,2,3급)
(사)대한댄스스포츠총연합회	다이어트댄스지도사(1,2,3급), 댄스스포츠지도사(초급,중급,최고급), 벨리댄스지도자(1,2,3급), 살사지도사(1,2,3급), 에어로빅지도사(1,2,3급), 요가지도사(1,2,3급), 웰빙댄스지도사(1,2,3급), 째즈댄스지도사(1,2,3급), 파티댄스지도사(1,2,3급)
(사)대한민국한자교육연구회, 대한검정회	한자급수자격검정(3급~6급)
(사)대한벨리댄스협회	실용무용 벨리댄스 심사위원 자격증(1,2,3급), 실용무용벨리댄스지도자(2,3급), 실용무용훌라댄스지도자(3급)
(사)대한병원행정관리자협회	의료보험사
(사)대한수중협회	수상인명구조(강사, 강사 트레이너), 스쿠버다이빙 강사(강사, 상급강사, 강사트레이너)
(사)대한요가협회	요가지도사(1,2,3급)
(사)대한정보통신기술인협회	광통신사(1,2급), 유비쿼터스전문가(1,2급)
(사)동아시아문화교류협회	KLT한국어레벨테스트(점수 제1000점 만점)
(사)미용능력개발협회	패션코디네이션(인증강사,2급)
(사)부경벨리댄스협회	벨리댄스 공연기획가(1,2,3급), 벨리댄스 안무가(1,2,3급), 벨리댄스 청소년 지도사, 벨리댄스 청소년(1,2,3,4급), 벨리댄스 특수체육 지도자, 벨리댄스지도자(1,2,3급)
(사)산업정책연구원	지속경영인증사(CSO)
(사)색동어머니회	동화구연지도사(1,2,3급)
(사)설가차문화연구원	다도사범자격증 예절지도사자격증(1,2급)
(사)세계벨리댄스총연맹	벨리댄스지도사(1,2,3급)
(사)세계음식문화연구원	푸드코디네이터(1,2급)
(사)수행도량반나라마	Sati Master(1,2,3,4급)
(사)신풍선문화협회	벌룬아티스트(1,2,3급)

(사)어린이안전학교	안전교육지도사
(사)예성	동화구연사자격증(1,2급), 미술심리지도사(1,2급), 방과후아동지도사자격증(1,2급), 아동놀이지도사(1,2급), 아동상담사자격증(1,2급), 유아체육지도사(1,2급), 자원봉사지도사(1,2급), 종이공예사자격증(1,2급), 풍선공예사(1,2,3급)
(사)월드유스비전	EM환경지도사자격증, 레크리에이션 지도자 자격증(1,2급), 스피치지도사 자격증(1,2,3급), 청소년진로코칭지도사자격증
(사)월드유시비전	다도지도사자격증(1,2,3급), 청소년예절지도사자격증(1,2,3급), 학습코칭지도사자격증(1,2,3급)
(사)전국국공립대학 평생교육원협의회	NIE지도사(3급), 가베지도사(3급), 간병사(3급), 노래교실지도사(3급), 글짓기지도사, 논리논술지도사(2,3급), 댄스스포츠지도사(3급), 독서지도사(2,3급), 동화구연지도사(3급), 레크리에이션지도사(3급), 몬테소리교육지도사(3급), 문인화지도사(3급), 방과후고무찰흙지도사(3급), 방과후아동지도사(2,3급), 병원서비스코디네이터(3급), 부모교육지도사(3급), 북아트교육지도사(3급), 사진영상지도사(3급), 상담사(1,2,3급), 생활건강지도사(3급), 생활역리상담사(3급), 속독지도사(3급), 스피치지도사(1,2,3급), 시낭송지도사(3급), 아동미술지도사(2,3급), 양택풍수상담사(3급), 어린이영어지도사(3급), 동화구연지도사, 영어동화구연지도사(3급), 예쁜글씨POP레터리스트(3급), 요가지도사(3급), 유아국악지도사(3급), 유아및아동교육지도사(3급), 작명상담지도사(3급), 장례전문지도사(3급), 지공예지도사(3급), 차예절지도사(3급), 천연비누제조사(3급), 미술심리상담사(1급,2급), 미술심리지도사, 초등미술실기지도사(3급), 아동미술심리상담사(1,2급), 아동미술지도사, 초등학생영어지도사(3급), 특수아동지도사(1,2,3급), 풍선아트(3급), 풍수지리사(3급), 플롯실기지도사(3급), 피아노실기지도사(3급), 한국무용지도사(3급), 한자교육지도사(3급), 한지공예지도사(3급), 베이비시터, 색채심리지도사, 생활역리상담사, 속독지도사, 심리상담사(전문,1,2급), 어린이영어지도사, 영어동화독서지도사, 음악심리지도사, 주산암산수학지도사, 특수아동지도사, 풍수지리사(전문,1,2급), 플라워디자인지도사, 한국어강사
(사)전국주산수학암산교육회	암산(1급~12급,1단~10단), 주산(1급~12급,1단~10단), 주산암산교육지도자(1,2,3급)
(사)주거환경연구원	정비사업전문관리사
(사)컬러라이트심리치료협회	우뇌계발미술학습지도사(1,2,3급)
(사)한국 EDI 정보관리협회	건강보험사무관리사, 의료서비스코디네이터
(사)한국CFO협회	기업자금관리사
(사)한국EAP협회	EAP전문가자격증(수련전문가, 1,2,3급)
(사)한국NLP협회	NLP전문가(트레이너, 마스터프랙티셔너, LP프랙티셔너)
(사)한국가족상담협회	가족상담사(수련감독,1,2급)
(사)한국건설VE연구원	건설 VE 전문가 자격증(CVP, AVP, VEM)
(사)한국건설관리협회	건설사업관리사(일반, 특수)
(사)한국결혼상담소협회	결혼관리사(1,2급)
(사)한국경비지도사협회	신변보호사(사(보))

(사)한국경비협회	신변보호사(1,2,3급)
(사)한국공예사랑협회	CA공예 자격증(지도사), POP디자인 자격증(고,중,초급), 골판지공예 자격증(지도사,1,2급), 리본공예 자격증(지도사,1,2급), 비즈공예 자격증(지도사,1,2급), 양초공예 자격증(지도사,1,2급), 울펠트공예 자격증(지도사,1,2급), 이오와이어 공예 자격증(지도사,1,2급), 이오클래식 비즈공예 자격증(지도사,1,2급), 이오폴리머 공예 자격증(지도사,1,2급), 인형공예 자격증(지도사,1,2급), 천연비누공예 자격증(지도사,1,2급), 초콜릿공예 자격증(지도사), 칼라믹스공예 자격증(지도사,1,2급), 펠트공예 자격증(지도사,1,2급), 포크아트 자격증(지도사,1,2급), 한지생활공예 자격증(지도사,1,2급), 한지플라워공예 자격증(지도사,1,2급), 홈패션 자격증(지도사,1,2급)
(사)한국교육문화회	한자급수인정(1,2,3급), 한자급수인증시험(4급~8급)
(사)한국교육정보진흥협회	OTPC(1,2,3급)
(사)한국구조물진단유지관리 공학회	시설물유지관리사
(사)한국국어능력평가협회	한국실용글쓰기검정(4급~10급)
(사)한국국제보이차 문화연구원	다예사 자격증(1,2,3급), 차문화고전지도사 자격증(1,2,3급), 茶품평사자격증(1,2,3급)
(사)한국국제소믈리에협회	소믈리에 자격증(마스터소믈리에, 어드밴스드 소믈리에, 소믈리에)
(사)한국금융연수원	외환전문역I,II종(CFES I, II), 은행텔러(CBT)
(사)한국능력교육개발원	이사상담사(무빙플래너), 장례관리사(2급), 커피바리스타, 한자지도사
(사)한국담마요가협회	요가지도자자격증(선사,1,2,3급), 차도예절사 자격증, 차사자격증
(사)한국도시개발연구포럼	도시정비사
(사)한국독서능력개발원	독서논술지도사(1,2,3급)
(사)한국독서문화재단	논술지도사, 독서지도사
(사)한국동양운명철학인협회	동양운명철학사
(사)한국디지털미디어 전문가협의회	멀티미디어(전문가,1,2급)
(사)한국떡류식품가공협회	제병관리사자격증(1,2급)
(사)한국리모델링협회	리모델링사업관리사(RMP)
(사)한국목구조기술인협회	목조건축기술자격증(기술자1,2급,기능자)
(사)한국목조건축기술협회	목조주택검사원(2급)
(사)한국문해교육협회	문해 교육사 자격증(1,2,3급)
(사)한국문화센터연합회	CCAKorea자격증(1,2급, CA강사)
(사)한국물류협회	물류지도사자격증
(사)한국미래교육 평가연구회	IBE-TEST국제상용영어자격검정(1,2,3급), 아이비테스트 수리능력 자격검정(1,2,3,4급), 주산자격검정(단위, 1급~3급, 4급~8급), 지식기반한자자격검정(1,2,3급)
(사)한국민간자격협회	국악사(1~7급(7개등급)), 국악지도사(1,2,3급)

(사)한국민속문화삼족오협회	전통무속춤자격증(1,2급), 전통악사 자격증(1,2급)
(사)한국방송정보단체연합회	방송디지털음악전문인(1,2급), 방송실기지도사, 방송영상전문인(1,2,3급)
(사)한국번역가협회	불어, 독어, 서어, 노어, 번역능력인정(1,2급), 영어번역능력인정(1,2,3급), 외국어역 번역능력인정(1,2급), 일어번역능력인정(1,2,3급), 중어번역능력인정(1,2,3급)
(사)한국벨리댄스협회	벨리댄스지도자(1,2,3급), 훌라댄스지도자(1,2,3급)
(사)한국보석협회	주얼리마스터(2급)
(사)한국보육시설연합회	동화구연지도사(1,2,3급)
(사)한국복지문화교육원	멘토링지도사(1,2급), 성폭력상담사(1,2급), 심리상담사(1,2급), 장례지도사(1,2급)
(사)한국분장예술인협회	웨딩플래너
(사)한국비시피협회	재난관리(KAPR 지도사, 관리사)
(사)한국사회서비스산업협회	사회서비스관리사(1,2급)
(사)한국산업기술보호협회	산업보안관리사(1,2급)
(사)한국산업잠수기술인협회	수상인명구조(지도관,강사,구조원)
(사)한국상담학회	스쿠버잠수(지도관,강사,상,중,초급)
(사)한국서비스진흥협회	병원서비스코디네이터
(사)한국소프트웨어 기술진흥협회	소프트웨어기술능력검정시험(통합/부문별), 소프트웨어설계기술인증시험(초급(SMF), 중급(SMT))
(사)한국소프트웨어 저작권협회	소프트웨어자산관리사(SM)(1,2급)
(사)한국손뜨개협회	편물기술자격(2급)
(사)한국수목보호연구회	수목보호기술자격(기능자)
(사)한국실내건축가협회	실내디자이너
(사)한국심리상담학회	결혼상담관리사자격증, 심리상담사자격증(1,2급)
(사)한국심리학회	발달심리자격증(심리전문가/심리사)
(사)한국심성교육개발원	가족상담사(1,2급), 독서심리상담사(전문강사,1,2급), 미술심리상담사(1,2급), 심리상담사(1,2급), 진로상담사(1,2급)
(사)한국아웃소싱기업협의	아메리칸댄스 지도사(1,2,3,4급)
(사)한국안전교육강사협회	대한민국 안전명강사 자격증, 생활안전관리사, 아동안전관리지도사, 안전강사자격증
(사)한국애견연맹	애견미용사(1,2,3급,교사,사범), 핸들러(1,2,3급,교사,사범), 훈련사(1,2,3등,사범)
(사)한국애견협회	애견미용사자격증(사범,강사,1,2,3급), 핸들러자격증(사범,교사,1,2,3급), 훈련사자격증(사범,교사,1,2,3급)
(사)한국어문회	한자능력급수자격증(특급, 4~8급)
(사)한국여가문화운동연합회	여가문화지도사(1,2,3급)
(사)한국역술인협회	역학상담사
(사)한국외국어평가원	Jr.Speaking(1,2,3,4,5급), PELT Jr.(1,2,3급), PELT Kids(1,2급), PELT Standard(1,2,3급), 실용한자 장려(준4~9 (8개등급)
(사)한국요가문화협회	요가교육사(생활요가교육)
(사)한국요가연합회	실버요가지도자(1,2급), 어린이요가 지도자(1,2급), 요가지도자
(사)한국요가지도자 총연맹	요가지도자(1,2,3급)

기관명	자격증명
(사)한국요가협회	요가지도(1,2,3급)
(사)한국원가관리협회	원가분석사자격증
(사)한국이러닝산업협회	이러닝 교수설계사(2급)
(사)한국인테리어경영자협회	인테리어공사자격증
(사)한국자동차진단보증협회	자동차진단평가사자격증(평가장,1,2급)
(사)한국자원봉사협회	자원봉사관리사
(사)한국장례업협회	장례지도사(1,2급)
(사)한국전문자격협회	6시그마전문가(MBB,BB,GB), 광통신설비관리사, 논술토론지도사, 독서논술전문지도사, 독서지도사(1,2,3급), 동화구연실기지도사, 리본아트, 미술심리상담사, 병원서비스코디네이터, 빌딩경영관리사, 서비스전문강사, 스피치토론지도사, 아동미술실기지도사, 이동통신관리사, 장례전문지도사(1,2급), 홈네트워크운용관리사
(사)한국정보관리협회	실무영어검정(1~8급(9개등급)), 한자어능력(1~8급)
(사)한국정보통신기술인협회	홈네트워크관리사(1급)
(사)한국정보통신산업협회	M-Commerce관리사(2급), 무선인터넷관리사(1,2급), 웹콜마케터(2급), 인터넷정보관리사(3급), 임베디드SW개발전문가, 컴퓨터프로그래머(1,2급)
(사)한국정보통신자격협회	네트워크관리사(1급), 모바일로보틱스(1,2,3급), 인터넷보안전문가(1,2급), 지능형로봇(1,2,3급), 컴퓨터소양
(사)한국정보평가협회	Network Master(관리사)
(사)한국주산협회	주산과암산 자격증(13~1급,1단~11단), 주산암산교육사(1,2,3급)
(사)한국직업능력평가원	자동차외장관리사, 직무스트레스 관리사/코치(관리사, 코치), 통학차량운전자격
(사)한국직업연구진흥원	Visual Merchandising, 샵마스터(1급), 어린이안전지도관리사, 컴퓨터 패션디자인 운용 검정(지도사, 마스터), 패션스타일리스트
(사)한국첨단산업교류협회	M&A지도사
(사)한국청소년미술협회	아동미술 심리상담사(아동미술심리상담사1급/아동미술심리상담사2급), 아동미술 전문지도자(1,2급)
(사)한국청소년 스킨스쿠버협회	잠수.스킨스쿠버 자격증
(사)한국청소년 인성문화추진회	인성수행능력(지도사,1,2품,초등1,2품)
(사)한국체육지도자 총연합회	골프매니저, 골프캐디(프로캐디, 일반캐디), 골프피팅사, 기본인명구조원, 노인체육지도자, 러닝지도자(1,2급), 수상인명구조원, 수중운동지도자(수중관절운동과정, 아쿠아로빅과정), 스포츠테이핑지도자(1,2급), 유아체육지도자(1,2급), 필라테스지도자(매트, 도구, 기구과정)
(사)한국체형관리운동협회	체형관리운동지도사(1,2,3급)
(사)한국테디베어협의회	테디베어기술자격증(1,2급)
(사)한국통학버스안전협회	통학버스운전자격증
(사)한국평생교육기구	자세교정사
(사)한국평생교육평가원	PTC학습지도사(유아,초등,중등), 한국영어검정자격증(3~J5급), 한국한자검정자격증(4~8급)

기관명	자격종목
(사)한국평생교육협회	인적자원개발사(1,2,3급)
(사)한국한자한문능력개발원	한자능력자격(4~8급)
(사)한국화랑도협회	화랑도지도사(1,2,3급)
(사)한자교육진흥회	한문지도사(훈장,1,2급), 한자실력급수(준3급~8급), 한자지도사(한자지도사), 한자혼용국어실력(1~8급(8개등급))
(사)한중문자교류협회	공용한자(특급~8급), 한문능력(특1,2품/1~8품(8개등급)), 한자한문교육지도사(한자1,2급/한문1,2,3급), 한중상용한자능력검정(1~8급(10개등급)), 한중상용한자지도사(한중상용한자지도사)
(사단법인)문화콘텐츠개발원	정보기록사(1,2,3급, 준1,2,3급)
(재)건설기술교육원	건설사업관리전문가(PCM)(전문가)
(재)사회안전연구원	도청검색사(2급)
(재)서울대학교발전기금 TEPS관리위원회	SNULT 독일어(1+등급~4등급(총7등급)), SNULT 러시아어(1+등급~4등급(총7등급)), SNULT 스페인어(1+등급~4등급(총7등급)), SNULT 영어(1+등급~4등급(총7등급)), SNULT 일본어(1+등급~4등급(총7개등급)), SNULT 중국어(1+등급~4등급(총7등급)), SNULT 프랑스어(1+등급~4등급(총7등급)), TEPS 영어능력검정(3+급~5급), TEPS-Speaking & Writing(1+등급~5등급(총10등급)), TEPS-Speaking(1+급~5급(총 10등급)), TOP말하기능력평가(1,2,3,4,5급)
(재)전주정보영상진흥원	영화전문사(1,2,3급)
(재)종이문화재단	고지공예지도사(마스터, 1,2급), 닥종이 인형 지도사(마스터, 1,2급), 민화지도사(마스터, 1,2급), 북아트 지도사(마스터, 1,2급), 비즈아트지도사(마스터, 1,2급), 색지공예지도사(마스터, 1,2급), 스크랩북킹지도사(마스터, 1,2급), 아동종이조형지도사(마스터, 1,2급), 종이장식지도사(마스터, 1,2급), 종이접기영재지도사(마스터, 1,2급), 종이접기지도사자격증(강사, 사범, 지도사범), 종이조각미술지도사(마스터, 1,2급), 지승공예지도사(마스터, 1,2급), 지호공예지도사(마스터, 1,2급), 클레이아트지도사(마스터, 1,2급), 포장아트 지도사(마스터, 1,2급), 한지그림 지도사(마스터, 1,2급), 현대인형지도사(마스터, 1,2급)
(재)충청남도청소년육성센터	심리상담사(1.2급)
(재)한국빌딩경영관리협회	빌딩경영사
(재)한국산업교육원	노인운동지도사 빌딩경영관리사 환경관리지도사
(재)한국지역사회교육연구원	글쓰기독서교육 지도자(1급 수석, 2급 전문, 7급 책임), 다도교육지도자(1급 수석, 2급 전문, 5급 책임), 매너코칭지도자(1급 수석, 2급 전문, 4급 책임), 부모교육지도자(1급 수석, 2급 전문, 3급 책임), 예절교육지도자(1급 수석, 2급 전문, 6급 책임)
(주)국제MBPA과학본부	민간자격관리사(1,2,3급), 발달장애상담사(1,2,3급), 발달장애예방교육강사(1,2,3급), 발달장애지도사(1,2,3급), 실버재활운동사(1,2,3급), 심리장애상담사(1,2,3급), 심리재활전문가(1,2,3급), 아동발달상담사(1,2,3급), 아동발달전문가(1,2,3급), 아동영어지도사(1,2,3급), 언어발달교육사(1,2,3급), 언어발달장애지도사(1,2,3급), 영어태권도지도사(1,2,3급), 유아난타지도사(1,2,3급), 유아놀이교육사(1,2,3급), 유아레크리에이션지도사(1,2,3급), 유아무용교육사(1,2,3급), 유아발레교육사(1,2,3급),

	유아비디오증후군재활전문가(1,2,3급), 유아수영지도사(1,2,3급), 유아스포츠지도사(1,2,3급), 유아야구지도사(1, 2,3급), 유아언어재활교육사(1,2,3급), 유아요가교육사(1,2,3급), 유아이벤트전문가(1,2,3급), 유아인라인지도사(1,2,3급), 유아재활체육교육사(1,2,3급), 유아전통문화놀이지도사(1,2,3급), 유아체육교육사(1,2,3급), 유아축구지도사(1,2,3급), 유아태권도교육사(1, 2,3급), 유아택견지도사(1,2,3급), 자폐증재활교육사(1,2,3급), 장애인태권도사범(1,2,3급), 재활놀이교육사(1,2,3급), 재활미술교육사(1,2,3급), 재활태권도전문가(1,2,3급), 키즈산타전문가(1,2,3급), 특수교육경영사(1,2,3급), 특수발달교육사(1,2,3급), 특수발달놀이교육사(1,2,3급), 특수아동교육사(1,2,3급), 특수아동체육교육사(1,2,3급), 특수언어발달교육사(1,2,3급), 특수유아체육교육사(1,2,3급), 특수인지발달교육사(1,2,3급), 특수인지학습지도사(1,2,3급), 특수재활체육교육사(1,2,3급), 특수체육치료사(1,2,3급), 평생교육경영사(1,2,3급)
(주)대한경호서비스	경호(보안)실무사(1,2,3급), 사격(실무)지도사(1,2,3급)
(주)동아교육신문사	기업회계능력(1~4급), 세무회계능력(1~4급), 암산능력(단위(1~10단), 1~9급), 워드실무능력(1,2,3,4급), 컴활용실무능력(1,2,3급)
(주)벅스북부설미래평생교육원	주산(1,2,3,4,5급)
(주)비트컴퓨터	비트SW프로젝트자격증(1,2급)
(주)삼성씨에스아카데미	COMPLAIN처리전문가(1,2,3급), PSM(Perfect Sales Master)(1,2,3급), 감성커뮤니케이션 스킬, 기본직장매너전문가, 내·외부커뮤니케이션전문가, 서비스 코칭 전문가, 실무프레젠테이션전문가, 심리세일즈마스터(1,2급), 퍼스널쇼핑어드바이저(Advanced)
(주)서울동인풍수아카데미	풍수지리사(1~3급)
(주)세마그룹	건강보험청구심사자격증(1급,2급), 서비스강사(1,2급)
(주)시사주니어	영재전문지도사자격증(1,2급)
(주)심테크시스템	마인드프로세서자격증(2급)
(주)아이너스기술	역설계 자격증(지도사, 1,2급)
(주)아이엔터	ICPI(1,2,3급)
(주)아이티고	컴퓨터소양인증시험(1,2,3급)
(주)엠전략시스템	시스템경영관리사자격증(1,2,3급), 시스템영업관리사자격증(1,2,3급)
(주)와이비엠시사	JET초등영어시험(1~6급), YBM 商務漢檢(1,2,3,4,5급)
(주)우진세렉스	플라스틱사출성형기술자격(1,2,3급)
(주)월드리듬스포츠총연합회	댄스스포츠지도사(시험관급, 1,2,3급)
(주)월드피지티에이	골프지도사(티칭프로,마스터프로)
(주)유니드파트너스	병원경영관리자, 병원경영컨설턴트, 병원코디네이터
(주)이어로직코리아	청각관리사(1,2급)
(주)조선일보교육미디어	한국 한자어능력 인증시험(1~7급)
(주)중앙지식인력개발원	골프경기지도사, 병원코디네이터자격증, 병원행정실무, 서비스강사자격증, 어린이안전지도관리사, 웃음레크전문강사
(주)즐거운책만들기교실	북아트지도자자격증(1,2급)

기관명	자격종목
(주)청능사자격검정원	청능사
(주)코세아 서비스 개발원	병원코디네이터 자격증, 병원코디네이터자격증, 여행사 operator 실무능력
(주)키드키즈	동화구연 지도자 자격증(2,3급), 실용손글씨 지도자 자격증(2,3급), 어린이가베지도사자격증(1,2급), 키즈요가 지도자 자격증(2,3급), 페이스페인팅 지도자 자격(2,3급), 폼아트 지도자 자격증(2,3급), 풍선아트 지도자 자격증(2,3급)
(주)태글리쉬태권도로 배우는 영어회화	태글리쉬 단증(태글리쉬 1단~12단), 태글리쉬지도사자격증(1, 2,3급)
(주)테포연구원	TEFOW영어자격(EET,IET,ICE,ACE,HCE)
(주)한경닷컴	커리어코치(1,2,3급)
(주)한국국악문화 예술교육협회	실버국악실기지도사(1,2,3급), 아동국악실기지도사(1,2,3급), 전래놀이지도사(1,2,3급), 타악과모듬북지도사(1,2,3급)
(주)한국라이센스개발연구원	레포츠지도자 상업시설스포츠지도자
(주)한국보험심사평가사 인증원	보험심사평가사(1,2급)
(주)한국비즈니스코칭	Luck Consulting Coach(1,2,3급코치), NLP Coach 자격증(프렉티셔너, 마스터프렉티셔너),
(주)한국자격개발원	논술지도사, 라인댄스지도사(1,2,3급), 베이비시터, 실버댄스지도사(1,2,3급), 영재놀이지도사
(주)한국재무원가컨설팅법인	재무원가지도사(1급, 2급)
(주)한국컬러디자인 개발원	슈피터자격증(1,2급), 플로럴 컬러리스트(1,2급)
(주)향기나무미술심리협회	향기나무북아트심리지도사(전문,2,1급)
CSM아카데미평생교육원	CS전문강사 자격증, 병원코디네이터, 병원행정실무 코디네이터
IBA세계경호협회	특수경호실무사(경호 1,2,3급)
IBS Korea	IBSE(1급)
IOS유니온스아카데미협회	실용무용 벨리댄스지도사(1, 2, 3급)
hsguidance교육원	병원코디네이터자격증
건국대학교	골프그린키퍼(1,2,3급), 노래지도사(2급), 논술지도사, 레크&이벤트MC(1,2급), 마필관리지도자자격증(1,2,3급), 방과후아동지도사(1급), 볼링지도사(1급), 아동미술지도사(1급)
교통안전공단	교통사고분석사, 운수교통안전진단사
국제경호협회	경호사 자격증(1,2,3급), 경호원 1급, 경호원 자격증(1,2,3급)
국제아이엠리더클럽	리더십 지도사 자격증(1,2,3급), 북라이크 독서지도사(1~3급), 언어상호작용 지도사 자격증(1,2,3급)
국제영어능력자격검정원 [IEPQTC]	(영문)CELP:JC-TOEP/(국문)실용영어회화자격증, (영문)CELP: YC-TOEP/(국문)초등영어회화자격증, (영문)J-TOED/(국문)쥬니어영어논술자격증, (영문)PC-TOED/(국문)초등영어논술자격증, (영문)S-TOED/(국문)시니어영어논술자격증, (영문)TOED /(국문)영어논술자격증, (영문)Y-TOED/(국문)중등영어논술자격증, 국제영어능력자격증(CELP)
국제프로태권도연맹	프로태권도지도자자격증(1,2,3급)

국제휘초타검도연맹	검도지도사(1,2,3급), 휘초타검도지도사(1,2,3급)
김영구	NLP상담사
다중지능교육연구소	다중지능평가사(2급,1급,전문가)
대구요가협회	요가지도자격증(2,3급)
대한글씨검정교육회	펜글씨검정(4급~9급)
대한병원코디네이터협회	병원코디네이터
대한상공회의소	FLEX독일어(말하기)(1A~3C), FLEX독일어(쓰기)(1A~3C), FLEX러시아(듣기/읽기)(1A~3C(9개등급)), FLEX러시아어(말하기)(1A~3C), FLEX러시아어(쓰기)(1A~3C), FLEX스페인어(말하기)(1A~3C), FLEX스페인어(쓰기)(1A~3C), FLEX영어(말하기)(1A~3C), FLEX영어(쓰기)(1A~3C), FLEX일본어(말하기)(1A~3C), FLEX일본어(쓰기)(1A~3C), FLEX중국어(말하기)(1A~3C), FLEX 중국어(쓰기)(1A~3C), FLEX프랑스어(말하기)(1A~3C), FLEX프랑스어(쓰기)(1A~3C), RFID관리사, RFID컨설턴트, 프레젠테이션(1,2,3급)
대한수맥협회	수맥 탐지사(특급, 1,2급)
대한스키패트롤협회	스키패트롤자격증(기본, 전문가, 지도자)
대한스피치&리더십센터	스피치지도사(1,2급), 프리젠테이션지도자(1,2급)
대한쌍절곤협회	쌍절곤자격증(지도자1,2,3급/단중1~9단)
대한음악실기능력평가원	음악실기자격(피아노연주)(1급~9급(9개등급))
대한자격개발검정원	결혼상담관리사, 나이트댄스지도자, 노인체육지도자, 다이어트댄스지도자, 라틴댄스스포츠지도자(1,2,3급), 모던댄스스포츠지도자(1,2,3급), 베이비시터, 벨리댄스지도자(1,2,3급), 사교댄스지도자(1,2,3급), 살사댄스지도자자격증(1,2,3급), 생활댄스지도자, 스윙댄스지도자자격증(1,2,3급), 실버댄스지도자, 요가지도자자격증(1,2,3급), 인테리어 코디네이트, 장례관리사, 재즈댄스지도자, 차밍댄스지도자자격증(1,2,3급), 창작댄스지도자자격증(1,2,3급), 천연비누제조사, 체형관리사, 탭댄스지도자자격증(1,2,3급), 한국무용지도사(1,2,3급), 힙합댄스지도자(1,2,3급)
대한적십자사	수상인명구조원
대한정보통신기술(합)	정보기술 프로젝트관리사(IT-PMS), 정보기술프로젝트관리(IT-PMP)(전문가)
대한천연비누협회	천연비누공예(1,2,3급)
동방대학원대학교	명리학교육강사(1,2급), 양택감정사(1,2급), 풍수지리사(1,2급)
동양역학연구연합회	역리상담사
리드엠비컬리지	서비스 강사 자격증(1급, 2급)
매일경제신문사	매경TEST(점수별 등급 (1000점 만점))
발지압교실	건강걷기지도자자격증(1,2,3급)
방과후학교 예능연구회	POP디자인(예능사, 예능지도사)
부산치료레크리에이션협회	여가교육지도자(1,2급)
북아트연구소책다움	북마스터지도사(1,2급), 어린이북아트지도사자격증(1,2급)
북아트컨텐트연구소	교육북아트지도사자격증(1,2급)
사)한국경영기술컨설턴트협회	조달계약사

기관명	자격종목
사)한국경호무술진흥회	경호무술(1~9단, 지도자1~3급)
사단법인 국제MBPA학문진흥협회	심리재활전문가(1,2,3급), 아동발달상담사(1,2,3급), 언어재활교육사(1,2,3급), 유아언어재활교육사(1,2,3급), 특수아동체육교육사(1,2,3급)
사단법인 국제민간자격전문협회	다문화가정복지상담사(2급,1급,전문강사), 방과후아동지도사(2급,1급.전문강사)
사단법인 국제정보능력평가원	쇼핑몰플래너(1,2,3급)
사단법인 대한스포츠댄싱연맹	라틴댄스자격증(1,2,3급), 모던댄스자격증(1,2,3급), 벨리댄스자격증(1,2,3급), 살사댄스자격증(1,2,3급), 소셜댄스자격증(1,2,3급), 실버건강댄스 자격증, 요가자격증(1,2,3급), 청소년댄스자격증(1,2,3급)
사단법인 대한합기도연맹	합기도지도사(1,2,3급)
사단법인 무릎사랑	어린이영어회화 능력검정(강사, 1~8급), 피아노(초급, 중급, 고급, 사범)
사단법인 주산암산수학연구회/ ㈜주산수리셈	암산급수(단) 자격증(12급~1급, 1단~10단), 주산급수(단) 자격증(13급~1급, 1단~10단), 주산암산지도자 자격증(1,2급)
사단법인 충북통학협회	충북통학자동차운전자격증(1,2급)
사단법인 한국대학레크리에션협회	레크리에이션(1,2급)
사단법인 한국대학부설 평생교육원협의회	CCM지도사, 가요전문지도사, 간병사, 국악실기지도사, 국악실기지도사(가야금병창), 국악실기지도사(경기민요), 국악실기지도사(단소, 대금), 국악실기지도사(사물놀이), 국악실기지도사(풍물), 국악실기지도사(해금), 글쓰기지도사, 글짓기지도사, 논술지도사, 다도교육지도사, 댄스스포츠지도사(라틴)(1,2,3급), 독서지도사, 동화구연지도사, 미술심리지도사, 방과후아동지도사, 베이비시터, 병원서비스매니저, 북아트지도사, 사진실기지도사, 색채심리지도사, 선물포장전문가, 스토리텔링지도사, 스피치지도사, 신문활용교육지도사, 아동미술실기지도사, 아동미술심리지도사, 아동요리교육지도사, 어린이독서지도사, 어린이영어지도사, 어린이예쁜글씨지도사, 어린이음악실기지도사, 어린이중국어지도사, 예쁜글씨P.O.P레터리스트, 예절교육지도사, 음악심리지도사, 이미지컨설턴트, 장례지도사, 재즈댄스지도사(2,3급), 재즈피아노지도사(1,2급), 전통차예절지도사, 전통폐백음식전문가, 전통한지공예사, 조각천침선공예사, 조명인테리어디자이너, 종이공예지도사, 주산활용수학교육사, 특수아동지도사, 특수아미술실기지도사(2급), 포크댄스지도사(3급), 푸드스타일리스트, 풍선아트지도사, 프뢰벨가베교육사(1,2급), 플라워디자이너, 한국몬테소리교육사, 한국무용실기지도사, 한국어지도사, 행정정보사(2급), 호스피스전문봉사자
사단법인 한국동화구연지도사협회	동화구연지도사(1,2,3급)
사단법인 한국레크리에이션연합회	레크리에이션지도자(전문강사, 1,2급), 유아체육지도자(전문강사, 1,2급), 펀리더십지도자(전문강사, 1,2급)
사단법인 한국미술심리치료협회	미술심리상담사(1,2,3급)
사단법인 한국어문능력개발원	독서논술지도사(1,2,3급)

사단법인 한국예쁜글씨협회	POP광고(1,2,3급), 어린이예쁜글씨지도사(평면, 입체)
사단법인 한국전례원	예절지도사(1,2급), 장례지도사 자격증 주례전문인 자격증
사단법인 한국정보과학진흥협회	생활과학능력(SGQ)시험(Expert A, B, C)
사단법인 한국조경수협회	조성수조성관리사(2·3급)
사단법인대한웅변인협회	스피치지도사(1,2,3급)
사단법인쎄마벨리댄스협회	벨리댄스 지도자(1,2,3급)
사단법인한국동화구연 전문가협회	동화구연지도자(1,2급)
사단법인한국인문사회연구원	인문사회한자능력검정(3,4,5급)
사단법인한국전문기자협회	언론정보사(1,2급)
사회보험사협회	사회보험사(1,2급)
사회복지법인 인애복지재단	음악심리지도사(1,2급), 전문카운슬러 자격(1,2급), 특수아동지도사(2급)
삼일회계법인	창업지도사(1,2급)
서서울생명의전화	미술심리상담사(2급), 심리상담사(1,2등급)
서울벨리댄스협회	벨리댄스 지도자(1,2,3급)
세계독서치료학회	독서논술지도사(전문강사, 1,2급), 독서심리상담사(전문강사, 1,2급), 동화구연지도사(전문강사, 1,2급), 마술교육지도사(전문강사, 1,2급), 마인드월드교육지도사(전문강사, 1,2급), 방과후지도사(1,2급), 웰빙웃음지도사(전문강사, 1,2급), 행복을열어가는詩지도사(전문강사, 1,2급)
세계스킨스쿠버연맹	잠수교육지도사자격증
세계염타술연맹	삼단봉 지도사(1,2,3급)
세계예술교류협회	민속국악교육지도사(1급~3급)
세계특수교육선교회	건강웃음지도사(1,2급) 운동지도사(1,2급)
세계휘초타해동검도연맹	해동검도 지도사(1,2,3급)
쇼셜유니버시티 평생교육원	몬테소리지도사(전문가), 아동미술지도사(1,2급), 아동상담지도사, 유아레크리에이션 지도자(1,2급), 유아체육지도자(1,2급)
숙명여자대학교	MATE Speaking(Rudimentary Mid~Moderate Low), MATE Writing(Rudimentary~Moderate Low)
신라대학교 전통염색연구소	천연염색 전문강사(1,2급)
아바서비스커리어센터	CS 전문 강사(1,2급), 병원코디네이터(1,2급)
아이하람교육원	가베지도사(1,2급), 놀이수학지도사(1,2급)
양원한자교육회	한자·한문활용능력급수시험(1,2,3,4,5,6급), 한자읽기능력급수시험(특급1,2/1,2,3,4,5,6급)
영진사이버대학	심리상담사(2급)
원광디지털대학교	요가명상지도사
월드벨리댄스협회	K.T.S 벨리댄스 지도자(1,2,3급), 벨리댄스 지도자(1,2,3급)
이엠사회서비스교육개발원	미술정서인지상담사(1,2급), 사회복지모금전문가(1,2급)
이지요가	요가지도자자격증
장례지도사 자격검정원	장례지도사
재단법인 세계택견본부	택견지도사자격증(1,2,3급)
재단법인나주시천연염색문화재단	천연염색지도사(1,2,3급)
제르벨리댄스협회	벨리댄스 지도자(1,2,3급)
제어·로봇·시스템학회	로봇기술자격증(1,2,3,4급)

주)거무경호협회	경호요원(1,2,3급), 경호요원지도사(1,2급)
주)국제민간인자격인증원	가베지도사자격증(1,2급)
주거환경교육원	주거환경정비사자격증
주식회사 석청	POP디자인(지도자, 1,2,3급), 가베지도자(1,2급), 방과후아동지도사
중앙독서논술평가원	독서논술능력급수증(초등1급~6급, 중등1급~6급)
청소년코칭협회	독서지도사(1,2,3급), 사이버 학습코치(1,2,3급), 자기주도학습지도사(1,2,3급)
첸지벨리댄스협회	벨리댄스 지도자(1,2,3급)
춘해대학	요가지도사
케이엠아이컨설팅	6 시그마(GB,BB,MBB)
케이티씨에듀평생교육원	아이브레인 영재 지도사(1,2,3급)
쿠다벨리댄스협회	벨리댄스 지도자(1,2,3급)
평생교육능력개발원	독서지도사(1,2급)
평생교육실천포럼	CS 코치 자격증, 맘코치자격증, 명강사지격증(1급), 스트레스 코치 자격증, 이미지코치자격증, 이순신리더십강사자격증, 정주영리더십강사자격증, 커뮤니케이션 코치 자격증, 학습코치 자격증, 한국라이프코치자격증(1급)
평생교육진흥연구회	POP지도사(1,2,3급), 교정교화상담사, 그린홈관리사, 논술지도사(1급), 독서지도사(1급), 문예교육지도사(1급), 방과후지도사, 범죄예방지도사, 아동독서지도사, 양초공예지도사(1,2,3급), 역사논술지도사(1,2급), 유아동조형미술지도사(1,2,3급), 유아컴퓨터지도사, 컬러이미지컨설턴트(1,2,3급), 한글지도사
평생학습실천연합	방과후공예지도사(1,2,3급), 양초공예지도사(1,2,3급), 천연비누지도사(1,2,3급)
포인트정석속독주식회사	독서능력검정급수(초저,초고,중고 각각10급~1급,1단~8단)
풀잎문화연합회	POP(1,2급), 드레스인형자격증(1,2급), 리본아트(1,2급), 북아트자격증(1,2급), 비즈공예(1,2급), 선물포장(1,2급), 손뜨개자격증(1,2급), 아로마향초자격증(1,2급), 알공예자격증(1,2급), 열린미술자격증(1,2급), 와이어공예(1,2급), 점핑클레이(1,2급), 천연비누(1,2급), 초크아트(1,2급), 퀼트(1,2급), 펠트공예(1,2급), 포크아트(1,2급), 폴리머클레이자격증(1,2급), 폼아트(1,2급), 풍선아트자격증(1,2급), 프레스플라워자격증(1,2급), 한지공예자격증(1,2급), 홈패션(1,2급)
학교폭력예방센터	학교폭력상담사(1,2,3급), 학교폭력예방전문강사(전문가, 1,2급)
한국 FPSB	재무설계
한국JM밸리댄스협회	실용무용 벨리댄스 지도사(1,2,3급), 실용무용 트라이빌 벨리댄스 지도사(1,2,3급)
한국PR협회	PR전문가
한국RFID/USN협회	RFID기술자격검정(RFID-GL, RFID-SL), 유비쿼터스지식능력검정
한국VE협회	가치관리(VE)자격증(지도사2급, 지도사1급,전문가)
한국건강관리사자격협회	다우징 수맥탐사자격증(골드, 1,2급), 목욕관리사 자격증(1급)
한국건물종합관리사 협회	건물종합관리사
한국경봉술협회	경봉술자격증(마스터,1,2,3급)

한국경제신문	경제이해력검증시험(S,1,2,3등급)
한국경호경비협회	경호관리사(1,2,3급)
한국과학경영직업전문학교	학습.성격지도전문가자격증(수석,1,2,3급)
한국교육문화회	한자한문학습지도사(1,2,3급)
한국교육복지행정연구원	레크웃음양육사, 새가족제자양육사, 아버지학교지도사
한국기술사회	VE(가치관리)전문가자격증(전문가, 지도사1,2급), 건설사업관리전문가(CMP)
한국기업평가원	기업가치평가사(EVE)
한국냉동공조협회	시스템에어컨설계시공관리사
한국노인대학복지연구원	레크웃음양육사, 부모사랑양육사, 새가족양육사
한국데이터베이스진흥원	데이터아키텍처준전문가
한국도로공사	서비스 능력인증(1,2,3급), 퍼실리테이터(FT), 자격인증(1,2,3급)
한국독서논술교육평가연구회	방과 후 아동지도사, 한국어 어휘활용능력 교육지도사, 한국어 어휘활용능력급수인증자격(준10급,10~1급)
한국독서논술교육평가위원회	독서논술지도사(1,2급), 역사논술지도사, 영어독서지도사(1,2급)
한국디자인창의력개발원	디자인 창의 · 영재 지도사(1,2급)
한국디지털컨버전스협회	방송정보관리사(1,2,3급)
한국리딩아트협회	독서지도사, 리딩아트 지도사(1,2급), 아동미술 지도사
한국무역협회	국제무역사, 외환관리사
한국민간경비교육원	경호지도사, 공익시설경비사
한국발표력연구학회	리더스피치 지도사 자격증(1,2,3급), 언어상호작용 지도사 자격증(1,2,3급)
한국법무평생교육원	언어발달지도사(2급), 특수아동지도사
한국법실무능력평가원	법실무능력(1,2급)
한국병원코디네이터협회	병원코디네이터 전문가 자격증
한국보건복지인력개발원	병원국제마케팅전문가
한국보험청구심사협회	전문보험심사청구사
한국사립문고협회	독서지도사(1,2급)
한국사회교육개발원	인성 · 심리상담사자격증(2급)
한국산경평생교육원	수공예예술양초공예사(1,2,3급), 스피치지도사(1,2,3급), 웃음운동지도사(1,2,3급)
한국상담심리치료학회	심리상담사자격증(전문가,1,2급)
한국생산성본부	6시그마 전문가 BB(Black-Belt), 6시그마 컨설턴트(Master Black-Belt), CS컨설턴트, ERP정보관리사(물류)(1,2급), ERP정보관리사(생산)(1,2급), ERP정보관리사(인사)(1,2급), ERP정보관리사(회계)(1,2급), HR Expert, HRD컨설턴트, M&A컨설턴트, SW품질관리사, 경영진단사, 관리회계컨설턴트, 구매관리사, 글로벌 물류 SCM 컨설턴트, 기업가치평가사, 마케팅관리사, 마케팅기획전문가, 사이버포렌식조사전문가, 생산운영관리사, 서비스컨설턴트, 원가관리사, 인적자원관리사, 컨택센터 컨설턴트, 투자평가사
한국서비스표준협회	병원코디네이터자격증
한국세무사회	기업회계(1,2,3급), 세무회계(1,2,3급)

한국수맥교육연구협회	수맥탐사지도사(1,2,3급)
한국심리협회	발달진단평가사(전문가,1,2,3급)
한국아동발달지원연구소	임상미술심리사(2급, 1급, 전문가)
한국아동성격개발원	아동성격지도사
한국아동요리지도자협회	식습관코치, 요리심리상담사, 한국아동요리지도자격증(1급)
한국아동재활교육협회	몬테소리교육사(1,2급), 몬테소리독서논술지도사(1,2급), 심리운동재활교육사(1,2급), 아동놀이재활교육사(1,2급), 언어발달교육사(1,2급), 학습CARE교육사(1,2급), 행동발달교육사(1,2급)
한국언어능력평가원	동화구연지도사(1,2,3급)
한국예절대학	가정의례지도사자격증(1,2급), 상장례전문지도사자격증(1,2급)
한국오르프연구소	오르프 지도사(1, 2, 3급)
한국오르프음악치료연구소	음악심리지도사(1,2급)
한국요가연구협회	요가지도자(1,2,3급)
한국웃음치료사협회	스트레스지도사(전문강사, 1,2급), 울음지도사(전문강사, 1,2급), 웃음지도사(전문강사, 1,2급), 웰빙웃음시도사(전문강사, 1,2급), 편경영지도사(전문강사, 1,2급), 행복컨설턴트(전문강사, 1,2급)
한국웃음치료연구소	레크리에이션지도사(1급, 전문강사), 웃음지도사(1급, 전문강사)
한국웃음행복연구소	Fun파워스피치지도자(1,2,3급), 실버웃음체조지도자(1, 2,3급), 웃음레크레이션 지도자(1,2,3급), 웃음행복지도자(1,2,3급)
한국원예치료.복지협회	원예복지사
한국유소년스포츠협회	유소년농구지도자(1,2,3급), 유소년축구지도자(1,2,3급), 유아체육지도자(1,2급)
한국유아교사센터	동화구연자격증(1,2,3급), 북아트지도사자격증(1,2,3급), 손유희자격증(1,2,3급), 예쁜손글씨(POP)자격증(1,2,3급), 종이접기자격증(초급,사범,지도사범), 페이스페인팅자격증(1,2,3급), 폼아트지도사(1,2,3급), 풍선아트자격증(1,2,3급)
한국유아지도사협회	가베지도사자격증(1,2급), 동화구연지도사자격증(1,2급), 북아트지도사자격증(유아지도1,2급), 예쁜글씨POP자격증(1,2급), 종이접기지도사자격증(유아지도1,2급)
한국음향학회	음향전문사(1,2,3급)
한국의료정보교육협회	병원코디네이터 의료징보관리사(2급)
한국인재개발원	풍선아트지도사(1,2,3급)
한국자동차관리사협회	자동차관리사
한국전례연구원	예절자격증(전문인1,2,3급/소양인증4,5,6,7,8,9급)
한국전통리듬체조연합회	덩더꿍체조 지도자(1,2급)
한국전통무예총연합회	전통무예 평가사(1,2,3급), 전통무예지도사(1,2,3급)
한국전통직업전문학교	한옥관리사(1,2,3급)
한국정책능력진흥원	정책분석평가사(1,2,3급)
한국주얼리코디네이터협회	주얼리코디네이터(3급)
한국체험교육능력개발원	문화유산체험학습지도사자격증(사범,1,2급), 역사체험방과후지도사자격증, 자연생태체험지도자자격증

한국체험학습교육협회	뉴디터자격증(1,2,3급)
한국커리어개발원	6시그마 프로젝트 자격인증(GBc, GB, BB, MBB), 기획능력검정(1,2급), 마케팅 조사 분석사(1,2,3급), 서비스전문강사 자격인증(1,2급), 엑셀통계분석능력검정(1,2,3급), 퍼실리테이터 자격인증(1,2,3급), 프리젠테이션능력검정(1,2,3급)
한국커뮤니케이션협회	프레젠테이션 마스터 (PTM)(1,2,3급)
한국특수행정학회	사설정보관리사(PIA), 사설정보관리사(PIA), 특수경호사
한국파워요가아카데미	요가지도사(1,2,3급)
한국페도틱협회(단체)	페도티스트(2,3급)
한국펠트협회	펠트자격증(펠트2급(양모,니들,소프트)
한국해킹보안협회	해킹보안전문가(1,2,3,주니어급)
한국행복컨설턴트협회	웃음 레크레이션 지도사(1,2급), 웃음 실버 체육지도사(1,2급), 웃음코디네이터(1,2,3급), 행복웃음코디네이터(1,2,3급)
한상담학회	한상담전문가자격증(수련감독전문가,1,2급)
한스미용학원	패션디자이너(1,2급)
한우리독서문화운동본부	논술지도사, 독서지도사, 중등논술지도사
한중경제문화친선협회	중국기업상담사(1,2,3급)
행복창조학교	가정행복설계사(1급), 근로행복설계사(1급)
홀리스틱요가코뮨	홀리스틱요가지도자격증(1,2,3급)

〈자료 출처 : 한국산업인력관리공단, http://www.hrdkorea.or.kr/main.hrd〉

참고문헌

대학에서 전문직업인 육성을 위한 생애교육

장석민, 1990, 『진로교육의 이해』, 서울 : 한국교육개발원.

곽형식, 1998, 『취업지도와 직업교육』, 서울 : 학문사.

임두순, 2000, 『진로상담과 진로교육』, 서울: 원미사.

김재원, 2003, 『좋은직장 들어가기』, 서울 : 거름.

이영호, 2004, 『평생교육과 평생학습』, 서울 : 원미사.

김충기, 2004, 『직업교육과 진로교육』, 파주 : 한국학술정보.

김충기, 2005, 『진로교육과 진로지도』, 서울 : 한국학술정보.

김성중 외, 2005, 『한국의 노동정책』, 서울 : 한국노동연구원.

류태모 외, 2006, 『취업의 전략적 이해』, 대구 : 대명.

이무근, 2006, 『직업교육학원론』, 서울 : 교육과학사.

김기태, 2006, 『현대사회와 직업윤리』, 서울 : 대왕사.

김병숙, 2007, 『직업심리학』, 서울 : 시그마프레스.

김병숙, 2007, 『한국직업발달사』, 서울 : 시그마프레스.

김승목, 2007, 『대학생활과 취업준비』, 서울 : 두남출판사.

김영인 외, 2008, 『직업과 윤리』, 서울 : 한국방송통신대학교출판부.

황매향, 2008, 『진로탐색과 생애설계』, 서울 : 학지사.

정석용 외, 2010, 『자기계발과 직업』, 서울 : 동문사.

Mangum(이무근·강재태 역), 1988, 『생애 교육의 이론과 실제』, 서울 : 교육 과학사.

Pelikan, Jaroslav, 1992, The Idea of the University : A Reexamination, New Havan : Yale University Press.

배종근, 1983, 「대학의 진로지도활동에 관한 분석적 연구」, 석사학위 논문, 동 국대학교 대학원.

이병호, 1983, 「대학의 진로진도 활동에 대한 분석적 연구」, 석사학위논문. 동 국대학교 대학원.

오병수, 1992, 「진로교육 프로그램이 진로 가치관에 미치는 영향」, 석사학위 논문, 건국대학교 사회과학대학원.

송현순, 1997, 「진로성숙에 관련된 변인에 관한 메타 분석」, 석사학위논문. 한 국교원대학교 대학원.

민소령, 1998, 「진로의사결정 프로그램이 대학생의 진로확립과 자아개념 및 불 안감소에 미치는 효과」, 석사학위 논문, 한국교원대학교 대학원.

서진숙, 1998, 「대학생의 진로탐색행동 측정도구 개발에 관한 연구」, 석사학위 논문, 서울대학교 대학원.

송혜령, 2004, 「반복적 구직 실패가 입직 기대수준에 미치는 연구」, 석사학위 논문, 경기대학교 행정대학원.

박연, 2005, 「취업희망프로그램이 구직 효율성에 미치는 영향에 관한 연구」, 석사학위 논문, 조선대학교 정책대학원.

서지윤, 2007, 「대학졸업예정자의 취업불안과 취업처 선정 기준간의 관계 분석」, 석사학위 논문, 경기대학교 행정대학원.

류동희, 2008, 「대학의 진로교육 운영실태와 개선방안」, 석사학위논문, 강릉원 주대학교 교육대학원.

류동희, 2001, 「미군정기 대학설립에 관한 연구」, 명지대학교 박사학위논문.

이현청, 1994, 「21세기 한국 대학평생교육의 나아갈 방향」, 한국대학사회교육 협회 세미나.

이우성, 2000, 「외환위기 이후 우리나라 실업의 구조적 변화」, 『주간경제』 제

581호.

이영대, 2001,「평생학습사회에서의 직업교육훈련 발전방향」,『기업교육연구』
　　제3권 제1호.

이선외, 2004,「평생직업교육을 위한 자격체제 구축」,『직업교육연구』제23권
　　제2호.

이종구 외, 2009,「한국 직업변천사의 시대별 특성 비교분석에 관한 탐색적 연
　　구」,『한국경영사학회』제24권 제4호.

박세일 · 김승보 · 박정수, 2007,「평생학습사회만들기 : 교육에서 학습으로」,
　　서울 : 한국직업능력개발원 교육개혁포럼.

어윤경 외, 2010,「청년층 진로지도 현황과 과제」, 한국고용정보원 정례 심포
　　지엄.

한국고용정보원, 2007, 중장기 인력수요 전망.

평생교육진흥원, 2009, 평생교육백서.

충남대학교, 2009, 취업촉진 프로그램.

강릉원주대학교, 2008, 교육과정 개편 연구보고서.

안동대학교, 2009, 학부교육강화방안 연구보고서.

찾아보기

ㅅ

|류동희柳東熙|

1961년 강원도 횡성군(현재 원주시) 출생
1974년 산현초등학교, 일산초등학교를 거쳐 홍업초등학교 졸업
1977년 육민관중학교 졸업
1978년 육민관고등학교 1년 다님
1978년 고졸자격 검정고시 합격
1982년 명지전문대학 지역사회개발과 졸업(전문학사)
1987년 관동대학교 국문학과 1년 다님
1993년 한국방송통신대학교 국어국문학과 졸업(문학사)
1996년 관동대학교 대학원 사학과 졸업(문학석사)
2001년 명지대학교 대학원 사학과 졸업(문학박사)
2008년 강릉원주대학교 교육대학원 졸업(교육학석사)
2009년 서울·한국디지털대학 수학(평생교육사 2급)

1984년부터 강원도교육청에서 교육행정공무원을 시작하여
강릉원주대학교 종합인력개발원 행정실장, 안동대학교 취업지원과장 등으로
근무하다가 2010년 강릉원주대학교에서 서기관으로 명예퇴직

한국방송통신대학교, 강릉원주대학교, 강원대학교, 관동대학교, 안동대학교
한국대학교육협의회 고등교육연수원, 경북북부교도소 등 대학, 기관(단체)에서
한국사, 리더십&스피치, 취업관련 강의와 한국학중앙연구원 향토사 집필위원

현재 안동대학교 취업지원관
    인력개발본부·평생교육원 강사
    전국국공립대학(교)취업담당관협의회장
    법무부 교정위원(취업)

저서 『어머니께 드리는 글』(2002)
    『강릉시여성사』(공저, 2003)
    『미군정기 대학과 전문인 육성연구』(2010)

상훈 강릉원주대학교 총장 표창(2회)
    교육과학기술부 장관 표창
    국무총리 표창(2회)
    행정자치부 장관상(제1회 공무원문예대전, 소설부문)
    『문학세계』 소설부문 신인상

대학에서 전문직업인 육성을 위한 생애교육

초판인쇄일	2010년 12월 1일
초판발행일	2010년 12월 1일
지 은 이	류동희
발 행 인	김선경
책 임 편 집	김윤희, 김소라
발 행 처	도서출판 서경문화사
	수소 : 서울시 종로구 동숭동 199-15(105호)
	전화 : 743-8202, 8205 ㅣ 팩스 : 743-8210
	메일 : sk8203@chol.com
등 록 번 호	제1-1664호

ISBN : 978-89-6062-067-4   93370
ⓒ 류동희, 2010
* 파본은 본사나 구입처에서 교환하여 드립니다.
정가 : 10,000원